心一堂術數古籍珍本叢刊

書名：增補高島易斷（原版）附虛白廬藏日本古易占五種（二）

系列：心一堂術數古籍珍本叢刊　占筮類　第三輯　244

作者：【日本】高島呑象　等、【清】王治本中譯

主編、責任編輯：陳劍聰

心一堂術數古籍珍本叢刊編校小組：陳劍聰　素聞　鄒偉才　虛白廬主　丁鑫華

出版：心一堂有限公司

通訊地址：香港九龍旺角彌敦道六一〇號荷李活商業中心十八樓〇五一〇六室

深港讀者服務中心：中國深圳市羅湖區立新路六號羅湖商業大廈負一層〇〇八室

電話號碼：(852)9027-7110

網址：publish.sunyata.cc

電郵：sunyatabook@gmail.com

網店：http://book.sunyata.cc

淘寶店地址：https://sunyata.taobao.com

微店地址：https://weidian.com/s/1212826297

臉書：https://www.facebook.com/sunyatabook

讀者論壇：http://bbs.sunyata.cc/

版次：二零二一年五月初版

平裝：八冊不分售

定價：港幣　　一仟六百八十元正

　　　新台幣　六仟九百八十元正

國際書號：ISBN 978-988-8583-91-1

香港發行：香港聯合書刊物流有限公司

地址：香港新界荃灣德士古道二二〇～二四八號荃灣工業中心十六樓

電話號碼：(852)2150-2100

傳真號碼：(852)2407-3062

電郵：info@suplogistics.com.hk

網址：http://www.suplogistics.com.hk

台灣發行：秀威資訊科技股份有限公司

地址：台灣台北市內湖區瑞光路七十六巷六十五號一樓

電話號碼：+886-2-2796-3638

傳真號碼：+886-2-2796-1377

網絡書店：www.bodbooks.com.tw

台灣秀威書店讀者服務中心：

地址：台灣台北市中山區松江路二〇九號一樓

電話號碼：+886-2-2518-0207

傳真號碼：+886-2-2518-0778

網絡書店：http://www.govbooks.com.tw

中國大陸發行　零售：深圳心一堂文化傳播有限公司

深圳地址：深圳市羅湖區立新路六號羅湖商業大廈負一層〇〇八室

電話號碼：(86)0755-82224934

心一堂微店二維碼

心一堂淘寶店二維碼

高島易斷

上經

亭

增補高島易斷

大日本橫濱　從五位高島嘉右衛門　講述

東京　柳田幾作　筆錄

清　國寧波　王治本　補正

澤雷隨

按隨澤上雷下。三奮下三虛上。其中疏通。則內動不自主。而順從外。從外。故曰
隨。遂以隨名卦。兌爲少女震爲長男以少女從長男。是隨之義也。兌爲澤震爲
雷。雷震澤中澤隨而動。是隨之象也。其義其象。皆取以陽下陰。陰必說隨。朱子
所謂此動彼說成隨是也。序卦曰豫必有隨。故受之以隨。蓋爲豫悅之道。物來
隨己。己亦隨物。此隨之所以次於豫也。

隨。元亨利貞。无咎。

卦體震自下而震動。兌在上而感說。從而應和之為隨。蓋有舍己從於
人以為善之義。故隨之道。可以致大亨也。震為健。得夫乾。故曰元亨。巽於地為
剛鹵。合夫坤。故曰利貞。雜卦曰。隨无故也。謂上下各從其所處而安。不待有所
為也。无故則无事。无事則何咎之有。然失之貞正則枉己狥人。易於有咎。亦足
戒也。

象傳曰。隨剛來而下柔動而說隨。大亨貞。无咎。而天下隨時。隨時之義大矣哉。

此卦本坤下乾上之否。否之卦順以隨健。今否之上爻。下入坤之初爻。而為震。
其初九為成卦之主。否之初爻。上入乾之上爻。而為兌。是以陽下陰以高下卑。
陽動陰說。物來隨我。我亦隨物謂之隨。剛來而下柔動而說隨也。是隨之義也。

凡人君之從善臣下之奉命學者之從師皆隨也至於人之從天。

欲之從理邪之從正為隨之善者也隨之道利貞正若反之則謂之詭隨即違

夫時矣君子隨時而動隨時而說各得其宜是以所為無不奏功故曰隨大亨

貞无咎隨之義以動而隨不動則必不能隨以說而隨不說則必不欲隨雷發

於下雨水隨之降於上是澤隨夫雷上隨夫下也違其時則雷不動澤不說上

下必不相隨不知隨之道必宜合時推之天下陰陽剛柔莫不皆然故曰天下

隨時隨之時義如此豈不大哉。

以此卦擬國家則內卦為人民行動勤勉從事職業不敢上抗政府唯從政府

之所命外卦為政府不挾威權唯施說民之命令故得上下君民之間親密和

悅上唱下順天下和平人心鎮靜此隨之時也謂之隨元亨利貞无咎當此之

時九五之聖明在上居中正之位廓然大公相孚於善君能虛己從臣臣更恭

順以從君是以初爻則有渝而不失其正二爻則有係而不免於私三爻則以

居貞而有得四爻則以在道而无咎上爻則以從維而用享總之從正則吉從

邪則凶。非隨之咎。其所以隨者自取其咎。夫人臣隨君以誠相通。是以元亨。事

必在道以正相從。是以利貞。如是則君之隨臣者諫則必納言則必聽。臣之隨

君者令無不從。命無不奉。斯以動感說以說應動。上下相隨。而治事大亨。故曰

隨之時義大矣哉。

以此卦擬人事。唯在以強隨弱也。夫陽剛之人。不肯下人。是以人心常多乖離。

而事業概不得成。若能以剛下柔措置得宜則眾心必服何咎之有隨者不專

己之意即舍己從人取人為善其機甚捷其理甚順其功必易成。故曰元亨。然

隨之道有正有邪。苟其一於柔順。必致枉道以狥人。過於容悅。則將違道而干

譽。是失隨之正也。惟其動其說。悉隨夫時。內不失己。外不失人。斯隨得其道而

何有焉。故曰利貞。无咎。易象中係元亨利貞之辭者凡七。乾坤屯隨臨无妄皆

在上經革一卦在下經。皆大有為之時。以我得乘時之勢曰元亨利貞元亨利

貞之解。詳乾下。須參看隨時之義甚大。推之造化則震者春也。東方之卦也。萬

物隨之而生兌者秋也。西方之卦也。萬物隨之而成。故春生之。夏長之。秋成之。

冬藏之。各隨其時也。天下之理。不動則無所隨。不說則不能隨。是隨之義也。人

事莫不皆然。

通觀此卦。三陽三陰。初九以陽。與六二遇陽之隨陰也。九五之孚上六。亦陽之

隨陰也。六二以陰居陰。是陰之從陰也。故曰係。有係必有失。不言凶咎而凶咎

可知。六三以陰居陽。是陰之從陽也。以陰故亦曰係。然係所當係係即隨。故曰

利居貞。九四是以陽而隨陰。逼近於五。剛而有獲臣道凶矣。惟能感之以誠保

之以哲。復有何咎乎。九五尊位。上動下說之主。取人以為善。吉莫大矣。上六以

柔順居隨之極。極夫隨者也。能善用其係係亦得其正也。總之隨之道宜隨時

為動。從宜適度處以至誠。出以大公。不特可感格群民。且可用亨上帝。率天

下為隨時矣。君子觀此爻。而知隨時之義甚大。蓋前卦自豫來悅以隨時無拂

逆之情序卦傳曰。豫必有隨。故受之以隨。人能謙以致豫。則能說以隨。時不謙

則安能豫。不豫則安能隨。三者道同。而幾會相因。幾會者。惟在於時而已。而適

時莫如隨。然隨必有事。有事而後蠱。此所以蠱次於隨也。是故隨如文王之事

殷。蠱如武王之造周。夫易者不測之神藏圓妙之靈府也。觀之於萬物。推之於

萬事。無所不在。無所不誘。非神聖之道則安能如此乎。

大象曰。澤中有雷隨。君子以嚮晦入宴息。

此卦以震陽陷兌陰。有藏伏之象。象曰澤中有雷隨。不曰雷之動。而曰雷之有。

本義以雷藏澤中釋之。深得其旨。蓋知象之取義。在雷伏勢時也。君子觀此象。

故不言動作。但言宴息。雷之伏藏。在寒冬。人之宴息。在嚮晦。蓋亦各隨其時也。

君子應天而時行。時當嚮晦入居於內宴息以養其身。起居隨時惟宜自適。蓋

其動也。與雷俱出其靜也。與雷俱入豫之作樂崇德。大壯之非禮不履。无妄之

茂對時育。皆法春雷之動也。復之閉關息旅。隨之嚮晦宴息。皆法秋雷之藏也。

夫舍百爲之煩擾。就一枕之安間所以養精神於鼓舞之餘。以爲將來應用之

地。故以形息者。凡民所同。以心息者。君子所獨。君子雖才德兼備。當隨時適宜。

亦必有咎。是以遇隨之時。韜智藏德。辭祿不居。養晦以遵時。抱道而伏處。文王

之服事殷紂勾踐之隱會稽皆得嚮晦宴息之義者也謂之君子以嚮晦入宴

息。互卦三四五為巽。二三四為艮巽為入艮為止即入而止息之象也。

(占)問時運。目下運氣平常。宜暫時晦藏。明年利於遠行。至第五年則可得利。○

問戰征。宜退守。明年當少有功。必俟六年。斯敵皆就縛矣。○問商業。有貨一時

難售。來春可以獲利。○問家宅。防有伏怪。夜間致多驚懼。○問訟事。恐有牢獄

之災。明年又防征役遠行凶。○問失物。宜在枕席間覓之。○問六甲生女。○問

行人。即歸。○問出行以明年利。

初九。官有渝貞吉。出門交有功。

象傳曰官有渝從正吉也。出門交有功不失也。

此卦六爻。各以隨人立義。專取相比相從。不取應爻。官。謂心之官。凡人作事。皆

以心官主之。渝者變也。有渝者。謂變易其所主司也。官雖貴有守。處隨之時。不

可不知權變。變者趨時從權之謂也。此爻剛而得正。爲威卦之生。主者不徇隨

人。故不言隨。有渝而得其正。故曰貞吉。出門則所見者廣。所聞者多。不溺於私。

惟善是從則隨不失時。變不失正。虛己聽人。廣交而有功也。故曰出門交有功」

(占)問時運目下正當換運之時。交入新運。一動便佳。尤利出門。〇問商業貨物

當販運出外得利。〇問家宅當以修造吉。或遷居出外更利。〇問戰征。擊東者

變而擊西。擊南者變而攻北吉。〇問疾病恐藥不對症。宜改變藥餌乃吉。或於

遠方求醫更利。〇問失物門外尋之得。〇問六甲生男。

(占例)占友人某就官籤得隨之革。

爻辭曰初九官有渝貞吉出門交有功。

斷曰此卦兌上震下爲剛陽伏而從陰。是隨卦之所取義也。今占得初爻足下

雖學力剛强不得不俯從愚柔。亦時爲之也。凡始入仕途者以不熟事務。每事

須從老成之指揮。是又隨之道也。此中固不能自主所當舍己而從人。謂之官

有渝貞吉。又不宜獨處所當廣交以集益。謂之出門交有功。

後果如此占。

六二。係小子。失丈夫。

象傳曰。係小子。弗兼與也。

剛有以自立謂之隨。柔不足自立謂之係。故初四五。剛不言係。二三上皆柔曰係。隨則公。故無失。係則私。故有失。六二以柔居陰。與四隔位遂係乎四。四陽而居陰。謂之小子。是隔位爲係之謂也。係四則不能比初。初爻爲隨之主。是謂丈夫。故曰係小子失丈夫。舊說謂二係初失在初。陽猶微謂之小子。五居尊位謂之丈夫。然初爲卦主。何得曰小子。五爲君位何可曰丈夫。且陽爻爲丈夫。初陽爻也。目爲小子。其說亦反夫人之所隨得正則遠邪從非則失是六二係所係雖無凶咎之辭。其不吉可不言而知。象傳曰不兼與也謂天地之道。無兩全之義係小子必失丈夫理之當然也。

（占）問時運。目下運氣顛倒宜自審愼。○問商業。有貪小失大之懼。○問家宅陰陽倒置有女子小人弄權反致家主受制之象。○問戰征只能捉捕敵兵未獲

斬將拔旗之捷。○問六甲。生女。○問失物。小品可得。大件必失。○問婚嫁。恐非

良緣。

（占例）熊本縣人尾藤判事嘗學易於余同氏有孃年十八容貌艷麗。時某縉紳

喪妻以媒求婚於氏。氏因請占其吉凶筮得隨之兌。

爻辭曰。六二係小子失丈夫。

斷曰。此卦剛從柔之象。而非柔從剛之時也。今足下卜嫁女。則女家爲柔。而男

家爲剛也。爻象以剛從柔。殊嫌相反。二爻曰係小子失丈夫。想某縉紳必是老

夫也。令孃或不喜之。宜嫁少年小子。斯兩相得也。

氏聞之。如有所感悟曰。夫婦者。女子終生之事也。不可以親之所好。枉女子之

志。遂謝縉紳。

六三。係丈夫。失小子。隨有求得。利居貞。

象傳曰。係丈夫志舍下也。

丈夫指初九。小子指九四。初爲隨卦之主。以剛居陽。出門有功。謂之丈夫。四以剛居陰。其義有凶。謂之小子。係初失四。故曰係丈夫失小子。正與二爻相反。初爻本欲出門求交。得三之隨。必與之親善。故三之隨初有求而得也。初以隨求人。苟枉己狥人。雖得亦失。故云失居貞。六三才雖弱位得其正。係貞吉之初。失貞凶之四。是得居貞之利。即隨道之善也。所以求道而得道求仁而得仁。無求而不自得焉。互卦巽爲近利。故有得居貞者謂守常止分。以道自固以義自裁。不以動而妄求也。象傳曰志舍下也。陽上陰下。三居陽位所係在陽所失在陰。故曰志舍下也。一說丈夫指四。小子指初。與二爻以五謂丈夫前後不同。且四貞凶何得云丈夫初有功。何得云小子。於以剛從人爲隨。以柔從人爲係之說。亦不合。

（占）問時運。目下交正運。求財求名。無不如意。〇問商業。小往大來必得利益。〇問戰征。主生擒敵將。必得大捷。〇問家宅。家道豐富。但防小兒輩有災。〇問疾病。大人無妨。小人恐有不利。〇問六甲。恐生而不育。〇問失物得。〇問婚媾。主結高親。

心一堂術數古籍珍本叢刊　占筮類

（占例）神奈川町淨土宗成佛寺住職辨眞和尙。名僧辨玉和尙之徒。修小乘之
學者也。一日來問余講易感悟而欲學易。且云學之得成與否請煩一筮筮而
得隨之革。

爻辭曰。六三係丈夫失小子隨有求得利居貞。

斷曰。隨卦雖爲剛從柔在爻則否。陽爻曰隨。陰爻曰係。今子就余學易。即探以
內典之精奧旁求神易之微妙。是所求皆天神之道。不關塵世瑣細小務。故謂
係丈夫失小子也。故從余學易。縱使內典中有難解之事。自可求神而問之。求
之必得現世未來皆得安心決定也。故曰隨有求得利居貞也。

和尙聞之。大悅從此學易。今尙不倦。

九四。隨有獲貞凶有孚在道以明何咎。

象傳曰隨有獲其義凶也。有孚在道明功也。

獲者。取非其有之辭。有獲者謂得天下之心。使之隨己也。是私據其所有。而不
歸語於五。失臣道也。故曰貞凶爲臣之道無他。唯在以誠相孚而已。誠則明明
則無疑。無疑則君臣一心。德施於民而民隨之。其得民之隨者。相率而共隨於
君。足以成君之功致國之治者。皆在此相孚。有道耳。有復何咎否則上下疑猜。
即所當獲不免挾功凌上之嫌。雖正亦凶也。九四具陽剛之才處大臣之位。
才高致謗位重啓嫌。一涉偏私便招凶禍。惟其中之所存。一秉於誠外之所行。
一循夫理盡其道以事上。明其幾以保身。位雖高不疑于迫勢雖重不嫌于專。
君嘉其讓。民服其謙得隨之時。恊隨之宜。何咎之有。故曰有孚在道以明何咎
有孚者謂有孚于九五也。明者謂自明其志也。自古人臣處功名之際。不克保
終者。多由我心之不孚。與不能自明其志也。如漢蕭何韓信皆受君重任韓信
求封于齊。求王於楚。無欲而不獲者也。久之積疑生嫌。卒不免禍。蕭何雖素知
高帝之心得保首領而終不免械繫之辱。是於有孚以明之義猶未盡者也。如
唐郭子儀權傾天下而上不忌功。蓋一世而上不疑。可謂得有孚在道者矣。象

傳曰。有孚在道。明功也以功云者。釋爻之何咎。蓋有孚者。即以孚隨之道明功

者。即明其隨之功也。

一說隨有獲者謂以權在我任己所爲之意。貞者謂所係國家之正務。凶者有

僭逼之疑。有孚者心盡其誠。在道者行盡其道。何咎者無失臣職之意也亦通」

(占)問時運。目下有凶有吉利在單月不利双月明年則吉。○問商業獲利後防

有意外之禍。必俟辨明方可。○問家宅。或新買或新造皆不吉。○問戰征小勝

後防大敗。○問疾病。先凶後吉。○問訟事。始審凶上控則无咎。○問失物一時

難覓。待後方見。

(占例)明治二十七年六月相識岩谷松平氏來告曰往年政府下付士族以金

祿公債證書鹿兒島縣士族中有遺漏此典者今欲補請恩給請占其准否筮

得隨之屯。

爻辭曰。九四隨有獲貞凶有孚在道以明何咎。

斷曰隨有獲者是專意求獲之謂也。鹿兒島縣士族。維新之際偉烈豐功。爲政

府所優待。偏世所知也。今欲謀請恩給。占得隨之四爻。以陽居陰。乘政府之優

待意在强求。務期必獲。故象傳曰隨有求其義凶也。然當以公平之道請求於

上必可得許謂之有孚在道明功也。

○某縉紳來請占某貴顯運氣。筮得隨之屯。

爻辭曰九四隨有獲貞凶有孚在道以明何咎。

斷曰此卦吾能從人則人亦從我今占得四爻某貴顯在現職衆人咸樂爲隨

從其所以隨從者。非服從其德量實欲攀附其權勢也。若因此自負得民則不

祥之道也。故曰貞凶際此民心之歸向以誠相孚以明自審。即所獲以歸諸君

上不以自私道可孚也。功可明也。何咎之有反是則難免於咎。

九五。孚于嘉吉。

象傳曰孚于嘉吉。位正中也。

嘉者。善也。謂擇善而從之。隨其善者。非隨其人也。孚者以眞實誠一之心相與

感通也。吉者謂君明臣良。天下從之。無不服從其化也。舍己從人。樂取於人以

爲善。即所謂孚于嘉是也。五爻陽剛中正位居至尊。爲全卦說卦隨之主。是聖君

至誠相感。以樂從天下之善者也。夫人主之尊。其所隨之可否悉係國家之休

戚。尙賢而信之。其所以吉也。如此則不失人。亦不失己。隨道之正也。謂之孚于

嘉吉。象傳曰位中正也。以陽剛居陽位。得其正也。處中正之位。行中正之道。是

以嘉也。

一說此爻以陽剛。比上六之柔正謂上六以柔居陰。有女子之象。今九五孚之

爲婚。是取婚禮爲嘉禮之義。蓋隨之道莫切乎夫婦。天下之政化。始于閨門。故

曰孚于嘉。亦通。

(占)問時運。目下處盛運。萬事獲吉。○問商業。以其貨物嘉美獲利百倍。○問家

宅必是積善之家。衆咸信從爲一郷之望也。○問戰征。軍衆同心。必獲勝捷吉。

○問婚嫁。百年好合大吉。○問訟事和好。○問疾病吉。○問六甲生男。

(占例)明治三年某月。應某貴顯之召。貴顯曰有一事爲煩一筮。筮得隨之震。

爻辭曰。九五。孚于嘉。吉。

斷曰此卦當秋冬之時震雷藏於兌澤有強隨弱之象。彖傳謂之剛來而下柔。動而悅大亨貞无咎。全卦初二五六四爻以剛隨柔皆謂得位四三二爻以柔係剛謂之失位。惟四爻係戀于柔。且能率眾而隨九五。由是觀之知有威權者。能使眾從己相率而從九五之君也。今占得九五可見天下之人心無不從君上之所命也。天命如此。故象傳曰隨之時義大矣哉。

後未幾而有廢藩置縣之令。

○元老院議官某氏轉任某縣知事。將赴任。請余占施政准則筮得隨之震〔〕

爻辭曰。九五孚于嘉。吉。

斷曰。隨卦有以剛從柔之義。是降尊從卑之象。今貴下治該縣。下從民情不涉私意。人民自然嘉樂悅豫可以隨從歸服也謂之孚于嘉。吉。從前該縣之治紛爭不絕某氏赴任之後因此施治。靜穩平和乃得無事。

上六。拘係之。乃從維之。王用亨于西山。

象傳曰。拘係之。上窮也。

拘者。執而不棄之謂也。維者。交結也管子曰。禮義廉恥謂國之四維。乃維民之

道也。蓋其所隨極其誠意纏綿固結而有不可解者矣。至誠之極可以孚君心。

可以享鬼神是隨之極則也。王者指周王而言。西山指岐山而言。此爻以陰居

隨之極位天下之臣民隨順化服之極也。故不復言隨反將拘係九五。九五亦

從其所係而維之。居隨之極效至誠於君。相知之深相信之篤。終始無間者也」

譬如一物。人所愛好唯恐或失之。既拘係之。又從而維之。即所謂拳拳服膺。而

不失之意也。昔周大王避戎狄之難去豳移居岐山之下。民之從之者如歸市。

是拘係之也。大王亦即以道維之。夫大王之去豳。勢窮而人益隨之。故周室

之業。自此而與文王之時。天下之人。無思不服。而文王尚守臣節。享大王於

內之西山不敢僭郊禘之禮。固結其鬼神。正所以固結于君也。故有此上六之

誠意足以通神明。神明亦隨之。謂之王用享于西山。凡易之爻曰王用享者三。

皆謂王者用此爻則以賢臣而享山川。非指其爻而爲王也。若夫使之主祭。而

百神享之。可以見王者之克當天心。莫大於用賢也。象傳上九也者。上即尚字。

是謂隨道之極。無以復尚之也。

（占）問時運。目下左支右絀不甚如意。○問商業。堅固結實穩當可做。但未能事

事舒展。○問家宅。恐防範約束過嚴。家人怨苦。○問疾病。禱之則吉。○問婚嫁。

有赤繩繫臂之緣。○問訟事。恐有桎梏困繫之患。○問失物。是自己包裹藏之。

未嘗失也。○問六甲。生女。

（占例）南部家家令山本寬次郎氏。余之舊友也。維新之際赴函館之役。野邊地

戰爭之時。在將帥中頗有勇武之名。明治十二年七月與舊藩士五人過訪敝

廬。謂余曰君有談易之癖。以爲快樂予甚苦之。若換以他樂如何君自言易占

必中謂政府所不可不用。陸海軍關人命之重係國家之存亡。裁判所明是非。

分曲直皆不可不用。然於未來之事。或中或不中。恐難一一預知。余曰小人聞

道而笑之。不笑不足以爲道易豈如足下所言哉。余二十年之久。未嘗一日廢

易。所以然者以百占百中也。山本氏聞之。笑曰果如君言則吾命何時而終願

一占遲速俾可前知。余曰。是極容易筮得隨之无妄。

爻辭曰上六拘係之乃從維之王用亨于西山。

斷曰隨者爲震之長男從兌之少女又爲歸魂之卦。今占得上爻君之命可終

于本年也。君之妻子墓祭之象。正見于爻辭拘係之者謂係連于君者維之者。

謂有子女。亨于西山者謂葬足下於宅之西也。

山本氏聽畢冷笑。如不介意。諸士或疑或笑。既而其年十月。南部家家扶某。寄

書于余云。山本氏昨夜急羅中風半身不隨。因召喚妻子於本國其妻子未至

之時。請借神奈川別邸中一戶爲寓。未幾妻子來迎同歸盛岡迄十二月不起。

於是當時諸士聽余言而笑者。皆爲驚嘆。

○明治三十一年十月。憲政黨分離爲二舊改進黨稱憲政本黨舊自由黨稱

憲政黨各樹旗幟時策士井上角五郎尾崎三郎雨宮敬治郎等。見憲政黨權

力之薄使之提携山縣內閣。乘其虛將使實行板垣伯所主張鉄道國有論。三

氏來請占憲政黨內閣之提携成否筮得隨之无妄。

爻辭曰。上六。拘係之。乃從維之。王用亨于西山。

斷曰。此卦下卦之雷動。上卦之澤說。繫辭傳曰服牛乘馬引重致遠以利天下。蓋取諸隨。由是觀之憲政黨不甯隨從政府。粉身碎骨能貫徹政府之意向今占得上爻。其辭曰拘係之。乃從維之。謂提攜之密着也。王用亨于西山謂政府得憲政黨之援助海陸軍擴張之費用得如其意喜悅之餘。得舉行靖國神社之祭禮也。

後果如此占。

䷑ 山風蠱

此卦巽下艮上。艮爲山巽爲風。山下有風之象。風者空中之氣。流通氣候往來寒暑發育萬物者也。今風入山下閉息而不得振風不通則物腐而生蟲又巽爲臭。爲氣艮爲止。爲覆器艮上巽下。是藏臭物於器中。復從而覆之也。故腐敗而生蟲。一蟲而化爲三。愈生愈多。蟲在皿中無所食遂至同類相食。是亂之義也。蠱字从三虫在一皿中。故春秋傳曰皿蟲爲蠱。朱子曰言器中聚那毒蟲教他自相併總是敗壞之意。故名此卦曰蠱說文腹中蟲悔深所生故又有淫溺惑亂之義又轉訓事。或爲修飭之義序卦傳曰蠱者事也。雜卦傳曰蠱則飭也。凡遇蠱敗必有謹飭修治之事猶訓亂爲治之意。是以卦名取敗壞之義爻辭用爲事之義也。

蠱元亨利涉大川。先甲三日。後甲三日。

蠱。壞之極也。壞極必當復治。則必有治蠱之才。應世而出焉。得此治蠱之才。則

足以致元亨矣。凡用才以圖治。猶用舟楫以涉川。書曰若涉大川。用汝作舟楫。

此之謂也。故曰利涉大川。先甲後甲。諸儒之說紛如。馬氏以卦位言子夏氏以

癸丁言。盧氏以貢與无妄變卦言鄭氏取用辛用丁之義。蘇氏據盡巳盡亥之

說。皆各執一見。全書獨以先三後三。為六爻巳終。七日更始。取復卦七日來復

之義簡端曰甲事之始。庚事之變。蠱亂極而復治。故曰甲。巽化陰而歸陽故曰

庚。此說最精確。程氏謂先甲三日以窮其所以然。而處其事後甲三日以究其

將然。而爲之防。其說亦通。

象傳曰蠱剛上而柔下巽而止蠱蠱元亨而天下治

也利涉大川。往有事也先甲三日後甲三日終則有

始。天行也。

此卦艮一陽在上二陰在下巽二陽在上。一陰居下。內外陰陽不交。內志不決。

此乃民之說所由出也

外行不健因循坐誤此所以漸積而成蠱也。蠱則安得元亨所謂元亨者必使
蠱之壞者復完之。蠱之塞者復通之斯元亨而天下治矣序卦曰蠱事也飭蠱
則必有事往則不能無險險莫如大川以飭蠱而往涉無不利焉為先甲三日後
甲三日先後即終始也。原其蠱之始要其蠱之終先不敢荒後不敢怠惟日不
足。終而復始是非天行之健者不能也。此飭蠱之全功也。
以此卦擬人事我巽而從彼民而止意兩不相通意氣不通則彼我不能合
而成事因循苟且事必敗壞亦勢所必至也。譬如木朽則生蛀穀久則變蠱此
蠱之象也。蠱為後天之卦民巽與乾坤易位是父母老而子用事故六爻中五
爻皆言家事初爻幹父蠱而承意。二爻幹母蠱而得中三爻幹之雖有悔而无
咎。五爻幹之以用譽而承德。唯四爻以裕而見吝是失於順也。凡人事以孝為
首。即家事而推之。無事不當如是也。至上爻居蠱之終獨善其志而不言飭蠱。
蓋將守其志而治身心之蠱。擴其志而濟萬世之蠱是則人事之大者也。
以此卦擬國家上卦為政府下卦為人民民上巽下。一高一低尊卑懸殊上下

蠱

十三

四二三

隔絕。臣下逡巡畏縮。而無振作之才。人君因循苟且。而乏有爲之志。禍亂之萌。

已伏治平之中。自此而百弊生萬事墮。是蠱之卦名所由起也。然當蠱之時。要

心有幹蠱之才。而蠱乃可治歟。曰蠱君子以振民育德。蓋以振起其民育養其

德爲飭蠱之要道也。此卦六爻皆言齊家不及治國。要之齊家即所以治國。無

二道焉。初爻之幹蠱終吉。如管仲之相齊桓。孔明之輔後主是也。二爻之幹蠱不

得中。如周勃之事高后。狄相之事武后是也。三爻之幹蠱无咎。如伊尹之相太

甲。終得復位是也。四爻之裕蠱見吝。如李勣之諫易后。終至釀禍是也。五爻

之幹蠱用譽。如周公之相成王。終成興周是也。若上爻高尚則如許巢之不受

天下夷齊之不食周粟是也。後世君臣思艱圖治所當凜先甲後甲之懼守成

始成終之道。用震之動法乾之健斯元亨而天下治矣。不然柔順而自安退止

而不前蠱壞日深。雖有善者亦難保其後矣。可不懼哉。可不慎哉。

通觀此卦。艮以剛止在上上亢而不下濟巽以柔入在下下卑而不上承。剛柔

不接。兩情乖隔。下者愈卑而愈巽。逡巡不進。上者愈高而愈亢。忽畧苟安其中

日積日敝漸積漸壞內腐而外朽其破敗有不可救藥者矣故曰剛上而柔下。
巽而止蠱是自卑於內苟止於外所以成蠱也古書曰流水之不腐以其逝故
也戶樞之不蠹以其運故也故器欲常用久不用則蠹生體欲常動久不動則
疾生則知蠱之生由於止其所由者非伊朝夕矣象曰山下有風蠱風欲行遇
山阻之而止旋轉於山而不能達風字从虫故曰蠱以風化君子欲治其蠱則
莫如振振者動而不止也振民育德即明德新民之道也是以諸爻皆曰幹幹
者植立之謂所以飭治而附起之其義與振同皆反夫止而用之也反其止則
蠱治矣若四爻之裕是益其蠱也故客五爻皆言幹蠱有子道焉上爻居五爻
之上處一卦之極有爲父之象故不言幹蠱以幹蠱之事屬之五爻之王諸爻
之上者也是將以一言而爲天下法一行而爲天下則其不言治蠱而所以治
之侯而上爻不復事其事故曰不事王侯高尙其事者謂其事更有高出王侯
蠱者其道可爲萬世法則故象曰志可則也若以不事王侯謂隱居高尙者所
爲仍蹈苟止卑巽之習非飭蠱適以滋蠱矣於爻義未合總之此卦五爻所言

稱父。稱母。稱子。皆家事。上爻則曰王曰侯。乃國事。邱氏曰以此爲子。是靜父之

子。以此爲臣。是靜君之臣。此言得之矣。

大象曰。山下有風蠱。君子以振民育德。

小畜。風行天上。觀風行地上。渙。風行水上。無所阻。故皆曰行。蠱風下有山。風遇

山而止。故曰有行在外也。有在內也。在內必欝而不宜。欝久則壞。語曰。蠱自內

生。此也。君子當此以之振起其民。養育其德。民之止者使之動。巽之入者使之

出。將推己之德化民。民亦感其德。而振發有爲得以革去舊染之汙。曰新其德。

此君子治蠱之能事也。如是而蠱濟矣。

(占問)時運。目下好運方來。須力圖振作。可改舊觀。○問商業。防貨物堆積致壞。

宜起急販運出售。○問戰征。屯營宜就曠地。不宜近山防有風鶴之警。○問家

宅。須整肅門庭。凜悔淫蠱惑之戒。○問疾病。防巫蠱咒詛。或腹患蠱毒之症。○

問訟事。想是聽人蠱惑所致。急宜罷訟。○問婚嫁。恐有男女私情。○問失物。其

物巳壞。○問出行防阻風。○問六甲防有異胎。

象傳曰幹父之蠱意承考也。

初六。幹父之蠱。有子考无咎厲終吉。

幹者木之正幹得枝葉以附立之所以維持木身也。故稱人能耐事負重任曰幹事。蠱者事也。有子者贊美之詞。即所謂有子克家是也。考者。父也沒曰考。蠱者。物腐虫生之謂。其所由來。非一朝一夕之故。是以蠱之諸爻皆係父子而言之。孝子家庭之間。不幸而父有蠱。蠱而待幹子心戚矣。然幸而得幹則考无咎。子亦得以无厲故吉。

(占)問時運好運初交。克勤克儉。克光前業。吉。○問商業舊業重興。必多獲利。○問家宅。想是祖先舊宅當改造重新。大利。○問戰征。如句踐復吳子胥伐楚必獲重興。吉。○問訟事。前不得直復宜上控无咎。○問疾病。雖危無妨。若無子者占此不利。○問婚嫁。佳兒佳婦。吉。○問六甲生男必能興家吉。

（占例）和歌山縣材木商某者。初次伐採材木運售東京大阪等處。後得金主。業

亦大振時東京被火某商適有材木到東大得利益。由此多財善沽愈推愈廣。

不料偶罹感冒遂陷重症。二十餘日而死在家一妻一子男年纔十五。一切遺

產。如在山之材木及運往他處之材木并運送船隻與金錢出入等欵當時某

商一人自主。妻子皆不詳悉也。一日訪余。告以情實乃爲其子一筮。得蠱之大

畜。

爻辭曰。初六幹父之蠱。有子考无咎厲終吉。

斷曰此卦山下有風風者鼓動萬物者也。風在山下。止而不動。故欝蒸生虫。有

羣虫相食之象。今占得此爻顯見汝父死後所有採伐材木等。壞耗殆盡今汝

雖幼弱當思繼續父業。身當艱難非常勤勉彼金主亦將感汝之志出力援助。

一切所存材木并遺金之欵皆可收納也。謂之幹父之蠱有子考无咎厲終吉

也。

後此子果能勉承舊業益增與旺。

○明治二十五年。熊田某養子某占家政得失。筮得蠱之大畜。

爻辭曰。初六幹父之蠱。有子考无咎厲終吉。

斷曰。此卦以長女嫁少男。有一家嗣續之象。在養父負債。非一朝一夕之故。積弊之所由來久矣。初六者。蠱之初。其弊未深處之不難。是子受父債力當抵償。故曰幹蠱。有子父无咎也。幹者謂負擔其事而處之也。厲无咎者謂雖危終无咎也。

後果如此占。

九二。幹母之蠱。不可貞。

象傳曰。幹母之蠱。得中道也。

幹蠱之解。見初爻下。此爻體巽。以剛中之才。上應六五。巽順而得中道者也。初爻言考。二爻言母。是父沒而母存也。蠱六爻稱父之蠱四。稱母之蠱一。蓋以婦人無專制也。在亞細亞古來所戒。如書所云牝雞司晨。惟家之索是也。九二以剛中諫其母。故曰幹母之蠱。必若凱風七子之歌。斯爲得矣。此卦屬之君臣。
則二爻爲大臣。五爻必是幼主。或母后也。幼主則爲周公之相成王。過撲伯禽。
勸進豳風。皆以婉轉開導期歸於善是已。女主則爲陳平周勃之輔呂后狄仁
傑婁師德之相武后。從容巽順輔翼國政。不使蠱時至大壞者也。蓋治蠱固不
可過柔。亦不可過剛。過剛則傷恩過柔則流慢此爻剛得其中。故能酌量損益
之宜有用剛之實無用剛之跡以柔濟剛彌縫得法。自不致蠱之復熾也。故象
傳曰得中道也。

（占）問時運。目下貴將順調劑。不可草卒。○問商業。防有舊債積弊等事宜寬緩
調處。○問家宅。恐有母黨擅權啟釁。宜忍耐善處。○問戰征。防有陰險不可直
進。○問疾病。壯年防是瘰母痞塊等疾。小兒或是胎氣不足。宜服柔和之劑。○
問行人。在半途後日可歸。○問失物。得。○問婚姻。當得佳婦。

（占例）友人某來告曰。余之親族某歿後。困其家所關親族將爲之集會妥議。苦
難處分意見未決爲請一筮。筮得蠱之艮。

爻辭日。九二。幹母之蠱不可貞。

斷日。蠱者山下有風剛柔不接有因而生虫之象巽爲長女艮爲少

男是寡婦幼子主家政也蠱者腹中之虫淫晦而生且有淫惑之事今親族若

欲顯發其隱事勢必至破裂其蠱之禍益甚。四爻日幹母之蠱必其子自能處

分也宜緩待四年後小子長成蠱將自絕矣今尚非其時也友人聞之感日親

族某氏以若干資金開店於橫濱勤勉得力獲資二十萬圓其妻歿後納蠱妓

爲妾生一子今纔十歲某氏歿後因子尚幼以母主家事母與某聟共營其業。

遂與私通因專委家事於某聟親族皆不懌之於是某聟將割其資產之半以

爲己有故親族相會爲之安議苦難處分今得此占始知處置之法容俟四年

之後。其子成立相扶協議自能整理舊業也後遂依爻定。

○占明治三十年教育上氣運筮得蠱之艮。

爻辭日。九二。幹母之蠱不可貞。

斷日。此卦山下有風風爲巽入山爲艮止是風在山中入而不出風字从虫故

致久蟄生蠱虫無餌則同類相食故名曰蠱就國家上見之是風化不通人心

敗壞之象夫人有身有心故敎育亦即在治身治心兩事治身首重衣食起居

治心首重仁義道德人人不乏衣食起居則恒産充足自不至流為匪僻人人

得知仁義道德則恒心完善自可以共學聖賢小之得一家團欒之樂大之啓

國家裕泰之休我國屹立于亞細亞洲中土地延長膏腴寒暖皆適其宜不仰

他國之物產而國用充足禮敎修明二千餘載以來君王則聖聖相承人民則

熙熙樂業且全國子民多係天家支派中世天子賜臣下源平藤橘四姓其實

皆出於皇族故民之見王室猶支庶之於大宗其相愛相戴之情無異骨肉迄

至武門專權而後皇威不振紀綱紊亂然猶如兄弟鬩墻終未嘗覬覦王室也

以視他國僭奪相循以天位作傳舍者大不相同而所以歷久不替者由全賴

此治身治心敎育之澤得以綿延耳今自維新以來風敎一變競新尚奇見異

思遷行則有鐵道居則有電燈海有輪舶陸有電線鑿鑛採金通商開埠視萬

國如一家以四海作比隣則效泰西日新月盛所謂富強之業未始不令勝於

古而獨於教育之法。竊謂今不如古也。何則以今慕習歐米學術。便爹年糞鐵
子弟往習其業。學成歸國即奉爲師長以教授在國之子弟。彼儼然爲師者三
五年間纔學得歐洲奇異之浮文。全般拋棄我國向來身心之實學。凡子弟受
其薰陶者。不由智識之順序。不關長幼之秩序曰自由唱利己徒以優勝劣敗
弱肉强食爲天則。不復知有仁義道德之天賦。於是身教不謹心術日壞爲平
者不言孝。爲臣者不言忠。爲弟者不言友。爲友者不言信殘忍毒汨沒天良。
甚至視父母如路人等。兄弟於秦越作亂犯上。無所不爲其弊有不勝菩者炎。
閱今日日新聞所載。殺人盜財姦淫詐僞等事。風俗之壞。渾如蠱毒入心不可
敕藥。此敎之來。起自泰西。西陰方也。故謂之母蠱染蠱已深。未可遽克。故曰幹
母之蠱不可貞。

九三。幹父之蠱。小有悔。无大咎。

象傳曰幹父之蠱。終无咎也。

幹蠱之解見初六下至九三而蠱已深。非有陽剛之才德。難革此弊。此爻承父

破壞之後。若復因循坐視。不思補救。是長父之惡。非為子之道也。然過剛不中。

或徑情直行。欲補父過致傷父心。亦未免有悔也。非剛陽之才。未易言幹幸能

幹之雖小有悔可無大咎謂之幹父之蠱。小有悔无大咎。小有悔者所以警之

也。无大咎者所以勸之也。小有悔者固非善於事親。若因悔而不幹則咎益大

矣。是以三爻幹而有悔。終勝於四爻之裕而得咎也。

(占)問時運目下宜痛革前非。縱小有挫折。終得有濟。○問商業宜重興舊業改

立章程。或有小失。必得大利。○問家宅恐棟宇年久。多致蛀腐毋惜小費急宜

改造。○問戰征剛武直進。未免小敗。然必無大害。○問失物得則必得。防有小

小口舌之災。○問六甲生男但生下小孩。未免小有疾厄。○問疾病無妨。

(占例)某會社社長某來。請占會社之盛衰。筮得蠱之蒙。

爻辭曰。九三。幹父之蠱小有悔无大悔。

斷曰蠱者風在山下。為空氣不通。有因而生虫之象。以會社見之。社業不振。物

品賫本不能通融。社員中因之生紛議也。今占得此爻。知此社之失策由書而
來。欲挽回之深慮其難。在本年雖多失策。至年度決算可無大差。明年爲緊要
之時。今後社員當拮据黽勉。除去舊弊。維持社運至明後年可奏實功。定卜社
運之盛大也。謂之幹父之蠱小有悔无大咎。父蠱者。謂此弊承前而來也。明年
者指第四爻。明後年者指第五爻。可就四五兩爻之辭觀之。

社長聞之曰。占筮可謂適當矣。本年以社員因循。致社業不振。而釀損失社員
中且有不遜其任者。每啓蠱惑。以及危殆。故先罷用其人以僕自任。如貴占料
知明年社運之困。生於今日可卜明後年之隆盛也。

六四。裕父之蠱。往見吝。

象傳曰。裕父之蠱。往未得也。

裕者寬也。與幹相反。裕父之蠱者。謂因循苟且。憚於改作。是寬容其蠱而蠱
深也。此爻以柔居柔。不能有爲爻至四。蠱已過半。治之宜如救焚拯溺。迅速從

十九

事斯克有濟父旣柔懦而積成其蠱子復柔弱而不能救持是以往必見吝也。

故曰裕父之蠱往見吝此爻變則爲鼎鼎九四之辭曰鼎折足覆公餗其形渥。

凶亦可以見其盆吝也初六六四共陰柔同當幹蠱之象而爻辭不同初六居

蠱之初其敗未大故雖陰柔其功易成是所以爲吉也六四蠱敗過半其壞較

甚而猶氣餒力屈不能貞固幹事是以見吝也。

(占)問時運運亦平常但一味因循終致自誤○問商業徒知守常不知革弊從

此以往難以得利○問戰征威不肅令不嚴未可前往也往必見敗○問家宅。

父業雖裕敝敗已深難保其往也。○問疾病外形尚裕內患已深不急圖治後

必莫救。○問六甲生女。

(占例)友人某來。請占富豪某氏之家政筮得蠱之鼎。

爻辭曰六四裕父之蠱往見吝。

斷曰此卦山下有風風者鼓舞萬物而助生育者也山者止而不動者也今山

下有風則風入山中而生虫謂之蠱以人事見之則風者過而不留爲見識不

定之人。又山者止而不動。爲精神委靡之人。不能振作大事。徒食田

前小利甚至與親友相殘是人中之蠱也。四爻以陰居陰。才智鈍而氣力弱。無

義無勇者也。當此蠱壞之家不能奮然用力扶弊救衰。而猶優柔偸安坐視蠱

敗雖在豪家難保資産。謂之裕父之蠱往見吝。

某聞之曰。某富豪之父。雖以勉強興家因無子養親族之子爲嗣。此子智識尋

常遠不及父當承家之初。雖小有負債本有資産可抵乃少年子弟忽爲富豪。

愚而自用不聽人言。遂至破敗其産。占辭切當眞可感服。

六五。幹父之蠱。用譽。

象傳曰。幹父用譽承以德也。

此爻以柔居剛又得中而居尊位與九二剛中之寶臣。陰陽相應。專心委任使

夔爲輔弼匡救壞亂之舊弊。故曰幹父之蠱五爻君位爻辭曰父。知帝王必有

父也。卦中初三兩爻皆曰幹父之蠱。三則曰有悔故僅得免咎。初則濤无咎裁

曰終吉。不可謂非幹之善者也。至五爻不特其父无過。且因而得譽補其過更

揚其名。惡歸己而善歸親。其曲委彌縫非善繼善述者。不能臻此。象傳曰幹蠱

用譽。承以德也。蓋幹蠱則可以才濟之用。用譽則必以德承之。故曰承其德也。

占問時運。雖門祚衰薄。能自振作自足立身揚名。○問商業舊業雖不甚佳此

番從新改作。必能獲名獲利。○問家宅祖遺之產不厚。幸能擴充前業。必至光

大門楣。○問戰征能克復城池。軍聲遠播吉。○問疾病。當延名醫治之。○問六

甲。生男。○問嫁娶。定是名門貴族。

(占例)友人某。來請占某豪家改革筮得蠱之巽。

爻辭曰六五。幹父之蠱用譽。

斷曰。蠱謂食貯器中。覆之而風不通。腐敗生虫之象。以國家擬之。必是幼主承

統深居九重。不接外臣。母后垂簾掌握朝政。於是小人充朝君子退野爲宵小

蠱惑之時。今六五之君旣長與九二剛健之大臣。陰陽相應。立策定謀。洗除國

家積年之舊弊當其改革之際。尤爲非常之戒嚴前後七日。兢兢業業謹慎周

密。謂之先甲三日後甲三日也。想在豪家家政改革。亦同此理。某豪商內政之弊害。非一朝一夕之故。今得善良之諍友。洗除積年之宿弊。必能奏改革之功也。然此事宜剛不宜柔。宜速不宜緩。不出七日。當果決專斷。謂之幹父之蠱。用譽。

友人聞之。大感云。主人夫婦以下皆已允可。僅僅數日。已得斷行。後果能充復其舊賁。

上九。不事王侯。高尙其事。

象傳曰。不事王侯。志可則也。

此爻爲成卦之主。以剛明之才居艮止之極。不比九五。亦不應九三。逍遙於外。高居卦極。不關世之毀譽榮辱。其淸風高節。足以振起頹俗激勵人心。其益世豈尠少哉。九五者王也。九三者侯也。不比應之。故曰不事王侯。高尙其事上九高尙。固非放情物外者所可托也。是不啻治一時之蠱。實足治萬世之蠱也。其志之可則。豈有過哉。故象傳曰志可則也。

一說此卦自初爻至五爻皆以蠱言不言君臣。而言父子人臣之事君與人子之事父一也。此爻位居最上。獨以不事王侯言者。蓋非君非臣。亦非子。是身居父位者也。故高尚其志不復事天下之事。而其志之所存。實足爲天下法則者矣。

凡讀易者須先熟察其卦爻之象。與卦爻之時。然後能讀得其辭義也。不然而徒拘泥文字。雖終身讀易。不能得其要。如此爻象傳無難得其旨。何則不事王侯高尚其事之人。雖有才德不爲人所知。不爲世所用。古今來亦不乏其人。若必指是等人。而稱之曰其志可則。則聖賢君子之用者反將曰其志不可則。不幾大妨名敎有害綱常者乎。蓋上九備陽剛之德。居全卦之極。當此蠱壞日甚。不忍坐視天下。是以自初六至六三奮振其才力。以濟時艱。以光前業。迫蠱壞旣除。人人得浴太平富貴之澤。上爻獨脫然勇退不事王侯。高尚其事。是見幾而作之君子也。其志豈不可則哉。

（占）問時運宜以退爲進。○問商業。目下貨價必將逐漸增高。不必急售得利。○

問家宅。宜傍高阜之地。吉。○問疾病。卦爲歸魂。恐天年有阻。○問婚嫁。必是女

貞男良。天緣巧合。○問戰征。想已值戰勝凱旋之時。○問出行宜行商不宜求

名。

（占例）友人某來。請占某貴顯之運氣筮得蠱之升。

爻辭曰上九不事王侯。高尚其事。

斷曰蠱者由風入山中欝積而生者也。以國家擬之。政府爲山有高傲之象。人

民爲風有卑從之象。一高一卑。兩情不洽。渾如物入器皿中。風息不透。濕熱欝

蒸。變腐成蠱。同類相食也。曩年外交未通。攘夷鎖國時之政略。恰相似也。然當

維新之際。二三雄藩首創改革。奮發有爲。在幕府諸士悲墜祖先之遺業慷慨

切齒。欲一死守之。戰爭不止。是時某貴顯。能洞見內外之大勢。調劑兩間。以樽

俎息干戈。不使內憂外患。一時並起。是誠治蠱之能臣。非庸庸者所能及也。其

功不亦偉哉。今占得此卦。值上爻之位。即爲某貴顯功成身退之象。謂之不事

倭
王疾。高尚其事。

地澤臨

臨字篆書作𦥑從人從臣。從品。人者以君上爲尊。臣者以臣民統之。品者以品類別之言人君臨御天下。統率臣民品別品類之賢否。而器使之。是謂君臨民。尊臨卑。上臨下也。臨又有監守之義。故監字從臨省文。又按臨卦。兌下三浸上。坤上三陵下下陵過乎上有密邇切近之形卦體兌爲澤。坤爲地。地在澤上。是地臨澤也。上三陰。下二陽陽欲上進。是以陽臨陰也。故象辭曰下說而依附乎上。上順而反降乎下附乎上。自下附上降乎下。是上莅下。總其象謂臨莅也。自有臨辭遂以臨爲卦名。

臨。元亨利貞。至于八月。有凶。

臨。兌下坤上。兌說也。坤順也。坤曰元亨以順來也。臨得坤之順。故亦曰元亨。兌曰利貞以說致也。臨得兌之說。故亦曰利貞元亨利貞四德也。首備於乾。乾天

也。臨民者宜法乎天。故臨亦備此四德。八月之說。諸儒紛議。然易之道不外陰

陽消長以辟卦言之。臨爲二月之卦。二月當春仲陽方長也。八月當秋仲陽漸

消也。陽消陰長凶。凶道也。故曰至于八月有凶曰至于八月而豫防其至之謂也。

曰有者。未有而豫慮其有之謂也。若已至焉。若已有焉。凶既臨身。雖欲避之則

已晚矣。聖人以易垂戒期臨民者先時杜維亦即履霜堅冰之意也。萬事能有

吉而無凶斯天下可常治矣。

象傳曰。臨剛浸而長。說而順剛中而應。大亨以正。天

之道也。至于八月。有凶消不久也。

剛指兌下二畫。謂初爻二爻浸漸也。二陽漸長於下而上進也。內兌外坤。內說

而外順也。剛中者謂二爻。剛得其中。應者謂五爻。得柔之中。以應剛中。是剛柔

相應也。大即元以即利凡象傳以字即釋利字卦德備元亨利貞者乾坤屯隨

臨无妄革。凡七卦。諸卦四德皆從乾六陽來。乾爲天。故曰天之道也。浸而長。說

而順。是道之得其亨。剛中而應。是道之得其正。所謂盡人以合天也。八月有凶。

消未久也。蓋臨當二月。剛浸而長。至八月柔浸而長。剛浸而消矣。未久者言方

消也。即浸之意。剛而浸長。君子應天而行。乃得大亨以正。剛而浸消君子所當

前時而戒斯能免凶矣。陽長陰消以天道言則謂寒暑之往來以治道言則謂

君子小人之進退聖人特於臨卦反覆垂戒意深哉。

以此卦擬人事。或臨高而望。或臨淵而羨。或臨事而懼或臨財。或臨難。皆爲臨

也。人事之害。不失於剛即失於柔剛之長能濟以柔柔之長能濟以剛斯和悅

巽順剛柔兩得則必萬事亨通百爲公正。是人事之至善者也。陰陽消長天道

之循環固非人力所能挽。而人事之吉凶伏焉矣。淺言之。未寒而不謀其衣旣

寒則謀之不及。必致凍矣。未飢而不謀其食既飢而謀已遲必致餒矣推之惡

未著時而不自檢攝則惡必浸增至惡大而不可復改邪未盛時。而不自防閑

則邪必浸熾至邪極而不可復治皆凶道也。任其欲而縱之放僻邪侈盜跖之

所以終盜跖復其性而明之戒愼恐懼伯夷之所以終爲伯夷天道之陰陽寒

暑。在轉移之間。人事之善惡邪正。亦一轉移間耳。臨卦六爻。惟五爻剛柔得中。
稱曰知臨。知則明能察幾。自有先時之吉。斯無後時之凶。人事之所以趨吉避
凶道不外是焉。

以此卦擬國家。六五之君。臨御天下以說得眾。以順承天。握乾而聞坤。舉直而
黜枉。臨之以莊。莫不大亨而得正矣。欲以一人臨天下。其勢難以天下臨天下。
其勢易。故人君不貴獨臨。必賞得人以共理。昔舜有五臣。武有十臣。皆是也。此
卦六五之君。委任九二。剛柔相濟。內說外順。察天時之變度。人事之宜居正以
體元嘉會以敦亨利用以裕民貞固以幹事道足以教育天下英材德足以容
保子孫黎民以此而臨一國而一國治。以此而臨天下。而天下平。而君子不敢
自為已治已平也。謂治難而亂易。必於未亂防其亂。謂泰極即否來。必於未否
慮其否。此古人感羽翹而綢繆牖戶。聞牛喘而調燮陰陽者。蓋皆有深慮焉。臨
卦六爻。無一言凶。亦以其能思患預防耳。六爻中五居尊位。可謂聰明睿知足
以有臨之聖君。二爻可謂咸有一德之大臣。初爻則行之以正。四爻則至近當

位。五爻則敦厚終吉雖三爻不中。幸其知憂而无咎。一人當陽群賢畢萃宜其

君明臣良得以長安而久治也豈不休哉。

大陽曆者。因方今外國交際頻繁沿而用之至其數月。似於月之盈虛失準爰

歐米各邦古亦用大陰曆。故今猶以十二分大陽曆之一年同以月稱。是以占

斷上。數月必據大陰曆易以冬至爲一月之初。故至一年終始。與大陽曆無有

大差。固不復附月之解釋。

通觀此卦明主在上爲天下大悅之時也。地勢卑而下順澤水浸而上。悅水也

本相親近。猶人主平易而近民。民皆歡樂而附上也。臨之所以爲臨也。初九

二同爲咸臨。澤水自山而下也。初九澤猶未盈。故曰行九二。澤水已滿。故无咎

利六三水旣及岸。故爲甘六四地與水接。故曰至。六五地澤正應。有知者樂水

之象。故曰知臨。上六。地愈厚澤愈深。故曰敦臨咸者臨之速也。甘者臨之賊也。

至者臨之誠也。知者臨之明也。敦者臨之久也。咸臨見其德之能感甘臨見其

性之過柔至臨見其位之得當知臨見其道之克明。敦臨見其志之篤厚。盡矣

地裡高島易斷

五之君。不以獨臨。而能任人。故以知臨稱之。用其咸。用其至。用其教。而君子之
道長去一甘。而小人之道消。陽悅而長。陰順而消。於是天時正。人事和。上下同
德。熙熙皞皞。而天下治矣。是誠臨民之極則也。

大象曰。澤上有地。臨。君子以敎思无窮。容保民无疆。

上卦之地高。下卦之澤卑。以上臨下。故曰臨。夫臨下之道。不外敎養二者。兌取
夫說敎而能說以集其思也。坤取夫順養而能順。足以容其眾也。敎而有思。如
澤之浸得其潤容。而又保。如地之厚而能載。无窮者。澤之長也。无疆者。地之廣
也。又兌爲口。是以能敎。坤爲腹。是以能容。君子取象澤地。以臨萬民。敎之道在
育英材保之誠。如撫赤子。澤普群生。量包一世。斯臨治矣。

(占)問時運。目下作事。恰如一潭活水。流行自在。好運正長。○問商業。澤爲貨物。
地爲販運之地也。得此占其獲利厚而尤遠。大吉。○問家宅。此宅必近水澤之
鄉。家業正旺。財丁兩盛。大吉。○問戰征。其陣宜臨水處。不特一時得勝。且有萬

民歸服之象。○問疾病其命可保其病必延久一時難愈。○問訟事恐久不

了。○問婚嫁。兩姓和合。五世其昌大吉。○問六甲生女。○問行人一時未歸。○

問失物在川岸處覓之保可得也。

初九。咸臨。貞吉。

象傳曰。咸臨貞吉。志行正也。

山澤通氣之卦名之曰咸此卦澤上有地陰陽之氣相感故初二兩爻皆曰咸

臨初居卦之始其陽猶微與四相應四以柔而當位初以剛而得志行各得其

正乃能應而進於五相與得行其道以佐大君知臨之治也故曰貞吉象傳曰

志行正也蓋初爻位居其正是以志之所行莫不正也。

（占）問時運目下新運初交能守其正行無不利。○問商業時當新貨初出市價

平正儘可販行無不如志吉。○問家宅必是忠厚中正之家現下適有吉事臨

門大利。○問戰征初次臨陣宜從大路進軍吉。○問疾病病是初起正氣尤旺

可保即愈。○問婚嫁門戶相當品行端正。佳耦也。○問訟事。一經臨審即可了

結。○問六甲生男臨盆有喜。

（占例）友人某來請占氣運筮得臨之師。

爻辭曰初九咸臨貞吉。

斷曰此卦地下有澤。澤者爲水所停蓄之處。澤得地而流。地取澤而潤。彼此相

臨。故其卦曰臨。今足下占得臨初爻與四相應。四近尊位有貴顯之象。但四

爻貴顯陰柔而居陰位。勢力尚有所缺足下爲初爻陽而居陽雖有才智以無

其位未得行其志。在爻辭曰咸臨。咸感也。兩情定相感孚今爲初爻是初次相

見�ᄀ氣雖投尙未可望其速行必俟二爻咸臨則无无不利矣。必也其在明年也。

於是某敬服而去。

九二。咸臨吉。无不利。

象傳曰。咸臨吉。无不利。未順命也。

此爻成卦之主。以剛中之才。與六五柔中之君。陰陽相應。雖在大臣之位。任官之日猶淺。不保無衆陰嫉之也。故直臨則必有咎宜待在上之君長感我才德。而後臨之。然後可得吉也。此爻日吉日无不利於六爻中特見讚美。蓋初爻以正感二爻以中感也。象傳日未順命也謂此爻在下體而不當位故小人未盡從其命也。

（占）問時運。目下正佳又得貴人照應大吉。○問商業。初爻既獲吉二爻更利。○問家宅有福星照臨之象。前後皆吉。○問戰征再接再厲所向皆吉惟防偏裨中有不從令者以致敗事。○問婚嫁咸利唯屬羊者最佳。○問訟事却不致敗。但一時未得順從。○問六甲生男但未產也。○問行人在外者歸期未定。

（占例）友人來請占某貴顯氣運筮得臨之復。

爻辭日。九二咸臨吉无不利。

斷日。此卦下之二陽長進上之四陰衰微陽者君子而陰者小人也君子在位則國家安寧。萬民得福。是臨民之善者也。今占得此爻以九五爲貴爲與六五之君位。陰陽相應。謂之咸臨。吉无不利。可知某貴顯本年之運氣大吉。

○明治二十七年友人金原明善氏來訪曰余生長之鄉在遠州濱松相近以培植山林爲業近在東京經營銀行家鄉舊事未能兼顧孫女現已及笄欲得一配耦使之相續家督幷可奉事老母與余妻共歸故鄉請占其吉凶如何筮得臨之復。

爻辭曰九二咸臨吉无不利。

斷曰臨卦下兌上坤坤爲老母。兌爲小女。又兌爲說坤爲順。是老母愛悅少女。少女順從老母也。今占得二爻其辭曰。咸臨吉二爻與五爻相應。二爻陽居柔位五爻陰居陽位恰合贅婿之象。爻辭曰吉无不利。可使速完婚姻若您時期。三四兩爻。皆不利明後兩年。未可成婚必以本年爲吉金原氏謝而去。

六三。甘臨。无攸利。旣憂之。无咎。

象傳曰甘臨位不當也。旣憂之。咎不長也。

甘者。五味之中。爲人之所最嗜爲怡樂之義。甘臨者。謂不能臨人以德。而以甘

言咯之。必無誠心實意也。三爻比近二爻。見二爻衆未從其命。遂欲巧言求進。

究之。言雖甘。而位不當。何利之有。既知其非而憂之。反邪歸正。去惡從善則以

今日之是。亦足補前日之非。則可以免咎。謂之既憂之。无咎也。象傳曰。位不當

也。以陰居陽。是位之不得其正也。咎不長也。幸以其憂之速。故其咎未至於長

也。

（占）問時運。運既不佳行亦不正。幸能知悔後運可望。○問商業。店基不得其位。

惟販運糖業則佳。○問家宅屋運不佳宜遷徙爲吉。○問戰征屯營地位亦疆。

遷營則吉。○問疾病藥不對症宜進苦辛之劑无咎。○問婚姻不合。○問行人。

外不得利近時可歸。○問失物可得。○問六甲生女恐難長養。

（占例）明治五年。友人某來。請占某商人氣運。筮得臨之泰。

爻辭曰六三。甘臨。无攸利既憂之。无咎。

斷曰此卦地上有澤。地坤卦。坤以生育萬物爲母澤兌卦。兌以三索得爲爲中

女。有母女相臨之義。臨三爻曰甘臨。以陰居陽。位不中正。恰如少女恃寵以甘

言取悅於母冀專家政。今某商人占得此爻。知某商人必夙性陰險。專以機巧

取利。一旦得志。便自盈滿。如婦人小子之爲何利之有若能連改。尚可免咎。

友人曰甚感易理之妙。某商人嘗以一步金十錢價格買橫濱吉田新田之沼

地若干。後因某豪商爲抵當某省寄托金以一步一圓價格買之其地券爲一

步十圓致之某省以爲抵當。故某商人一時占萬餘圓巨利從此遂生驕慢。輕

視衆人其狀恰類狂病者。余將對友人詳說易占之妙。使之轉告某商也。

六四。至臨。无咎。

象傳曰至臨。无咎。位當也。

此爻位近至尊。才志俱弱。以柔順之資居臺鼎之貴。能略分忘勢。下應初九之

剛正。尊賢尙德。情意懇至。故曰至臨。蓋大臣有休休好善之誠。無訕訕自足之

意以至誠之心感應初九初九之賢。亦感而悅服。共謀國事是以无咎。臨政之

吉莫大於此。象傳曰。位當也。謂得柔正之德也。

（占）問時運。好運已至。無不定當。有吉無凶。○問商業。目下販運正當其時。無往不利。○問家宅。宅位得當。家業與隆。無咎。○問戰征。其時已至。正可臨敵獲勝。○問疾病。雖至危篤。尚可无咎。○問婚姻。彼此之洽。門戶亦當。○問行人。即至。○問失物。即得。

（占例）友人某氏來請占某貴顯運氣。筮得臨之歸妹。

爻辭曰六四至臨无咎。

斷曰。此卦內卦兌爲口。外卦坤爲眾。爲俯聽與論。酌量民情。出而臨事之謂。故名曰臨。四爻具柔正之德。下應初九之剛正。忘勢略分。厚意禮賢。可謂誠之至也。謂之至臨无咎。某貴顯能體此意。可得无咎。

六五。知臨。大君之宜。吉。

象傳曰。大君之宜。行中之謂也。

地神高島易斷

知者。智也。知臨者。知人善任之謂也。夫以一人之身。臨天下之廣。自任其智。適

足以爲不智。惟能取天下之善。任天下之事。如此則知周萬物。道濟天下。是恭

已無爲之郅治也。此爻具柔中之德。居至尊之位。下應九二。知其賢而任之所

謂聰明睿知足以有臨此爻得之矣。故曰大君之宜舜之稱大智合天下之智

以爲己智。曰舜好問。而察邇言。亦此意也。象傳曰行中之謂也。謂五有柔中之

德。倚任剛中之賢以成知臨之功。中道而行。是即不偏之謂也。

(占)問時運。目下運得其時。又得好人相助。事事成宜吉。〇問商業。知往知來通

曉商情。自然獲利吉。〇問家宅有五福臨門之兆吉。〇問戰征能得軍心斯知

己知彼戰無不勝也。〇問疾病當得良醫。詳知病由治之自然得愈。〇問婚姻。

宜家宜室大吉。〇問失物。有人拾得。久後自知。〇問六甲生男主貴。〇問行人。

尚在半途。後日可歸。

(占例)明治二十二年。占某貴顯運氣。筮得臨之節。

爻辭曰六五。知臨大君之宜吉。

斷曰此爻居五。爲大君之位。爻曰知臨有大君之象。非人臣所宜。今爲某貴顯

占得此爻。五與二相應。五君二臣也。當以二爻爲某貴顯。知臨者。大君受大

所知者某貴顯也。受大君之知以臨政。凡有善政皆宜歸君。故曰知臨大君之

宜吉。然位高任重衆忌所歸。往往不宜臣。亦陰陽消長之機也。臨六

爻無凶象。特於象曰至于八月有凶。聖人就此吉卦突示凶災。蓋以長之初消

即伏之。福之來。禍即繼之。謂吉在今日凶宜豫防于將來也。易機甚微。未易測

慮後十月某貴顯猝遭兇暴所傷。不在八月。觀之數。延至十月遯之數雖筮者

有不能確知其數者。然吉凶之理。要不出消長循環中也。後進之士。須注意焉」

○明治三十年五月十二日。訪橫山孫一郎氏於東京山下町。雨宮敬二郎小

野金六兩氏亦在其座。謂余曰吾輩昨年以來。欲使英國左美以兒商會買我

國公債極力幹旋。然價值不適苦慮久之。請占此賣買約劵成否筮得臨之節。

爻辭曰六五。知臨大君之宜吉。

斷曰臨者。彼此互相臨之謂也。蓋此卦以兌少女與坤老母。有相順相悅之象。

公債賣買意亦如此。我得戰勝償金。欲益擴張軍備。示威信於各國。堅固國家
之基礎。因賣公債俾補不足。彼商會亦將賣與本國低利之商人。得其贏餘兩
下互相謀利。猶老母與少女親悅而成事也。今占得此爻知即可遂望事在必
成。勿復多慮。

翌日果有四千萬圓公債賣買約成之報。

上六。敦臨吉。无咎。

象傳曰。敦臨之吉。志在內也。

敦者。篤也。厚也。此卦六五既應九二上六又從而附益之謂之敦臨。猶復六四
既應初九。六五亦從而附益之謂之敦復。其義一也。此爻爲坤之極居臨之終。
陰柔在上。與二雖非正應。而志在從陽。屈尊從卑。降高就下。禮意敦篤是臨道
之善持其終者也。故曰敦臨吉无咎。凡卦於上爻爲極。過極每多危象。此爻曰
敦臨。有安土敦仁之義。無過極之處也。是以吉而无咎。象傳曰志在內也。內者。

指內卦二陽雖與內卦無應。上六之志。唯在於內。故曰志在內也。可與泰初九

之象傳志在外也對看。

（占）問時運目下好運已終。惟其存心忠厚。故得无咎。○問商業。販賣內地吉。○

問家宅世代忠厚。內外肅穆吉。○問戰征宜增兵益餉以保護內地為要。○問

疾病培養元氣。勿藥有喜。○問六甲生女。○問失物即在家內。未嘗失也。○問

行人。即日可歸。

（占例）友人某氏來請占謀事。筮得臨之損。

爻辭曰上六。敦臨吉无咎。

斷曰此爻居臨之極。功業已完別無他圖曰敦臨者。亦於臨道之中復加敦厚

而已。能敦厚以臨。故得吉无咎。今占得此爻足下亦宜知此意凡事宜加敦厚。

則何謀不遂。何事不成。足下思慮之篤。可於易象見之。

某氏曰詩云。他人有心予忖度之。洵先生之謂也。深謝而去。

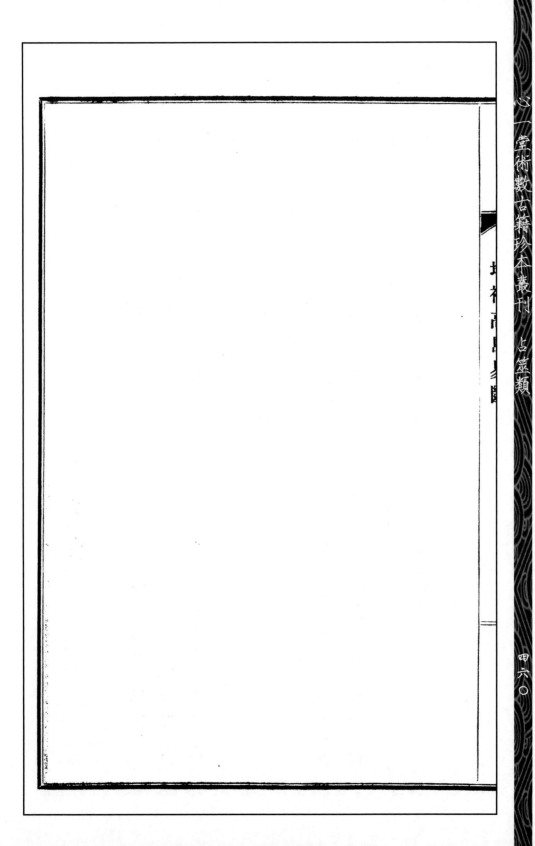

䷓ 風地觀

按觀字。從雚從見。雚即鸛。似鴻而大。雚有白黑二種白雚巢樹雚又能察時舉

變每天陰晴雨雪大風大水氣候不常向樹上瞻望隨所見之上下以爲趨避

故土人亦皆視雚之飛鳴止食以占常變見視也常見曰見。非常曰觀。故合雚

與見爲觀此卦下坤上巽巽爲風坤爲地風本無形可觀以其觸於物者而觀

之猶上之德化無形以施于政者觀之下之性情無形以發於事者觀之有相

觀而化之義也是以名其卦曰觀序卦曰物大然後可觀故受之以觀此觀之

所以次於臨也。

觀盥而不薦有孚顒若。

按盥字。從臼從皿水在皿上有兩手掬水之象卦本巽巽爲入謂以兩手入水

而潔之也巽爲不果故曰不薦坤下坎土謂比初爻曰有孚盈缶缶亦盛水之

器。乾下巽上謂小畜。五爻曰有孚攣如攣即兩手。均得有孚之象巽下坤上謂
升與觀互變升二爻曰孚乃利用禴有用祭之義焉顯說文曰。大首也謂昂首
而望之有觀之象若。順也。有誠心而奉順之意不薦有孚即不動而敬不言而
信謂觀於盥之用潔而眾情已孚有不待薦而始感者也是觀在心不在貌孚
以神不以迹即此盥手之初而精誠所注天下皆見其心焉故曰觀盥而不薦有
有孚顒若。

象傳曰。大觀在上。順而巽。中正以觀天下。觀盥而不
薦。有孚顒若。下觀而化也。觀天之神道而四時不忒。
聖人以神道設教。而天下服矣。

此卦兩剛四柔兩剛在上四柔在下剛為大柔為小故曰大觀在上坤順巽入。
是能順而巽也。九五處卦之中剛居陽位得中止天下指四柔謂其居於上卦
之下。五爻為君。四柔皆臣也中止之德大而在上足以為觀於天下為觀之道。

全在精潔誠敬至中至正無稍間斷四柔觀感誠意進而自潔有不期其

化而自化者矣故曰下觀而化觀聖即可觀天聖道無殊天道天道神妙故曰

神道天有神道而時運不忒聖有神道而中正無私天之道不言而四時行百

物生聖之道不薦而萬民孚也聖人合天之德法天之行神而明之發爲政教

俾天下沐渥聖化淪肌浹髓妙合無言所謂不識不知順帝之則猶如戴天而

不知天之高者矣其化道之神爲何如乎故曰聖人以神道設教而天下服矣

以全卦觀之陽大陰小四陽之卦有曰大過與大過相反四陰之卦有曰小過

大壯卦四陽在下二陰在上此卦四陰在下二陽在上與大壯反獨不曰小象

傳曰大觀在上以九五陽剛中正得位故不言小此全卦取名之主義也凡陰

盛陽微必致以柔逼剛爻多不吉此卦六爻獨不言凶亦以五居君位中正之

德足以儀型天下羣柔皆仰而觀之故相觀者不致相持而柔無復逼剛矣卦

義專取爲觀於下不取陰盛之象卦以四爻爲主四爻以柔居陰位得其正上

比二剛下接三柔牽三柔以進於五仰觀德化是以四爻爲一卦之主也初爻

始陰在下位。與五遠所觀者淺。如童蒙然。故曰童觀。二與五本相應。但二陰暗
柔弱不能進而觀光。而僅得窺見其徜彿。是效女子之貞也。故曰利女貞三爻
比四。四爲主觀三勸四之動作以爲進退。故曰觀我生進退。四比近於五觀最
眞切。五爲君。四近於君而相得。故爲賓君之德敎發而爲國之光華利用者謂
將進而效用也。故曰觀國之光利用賓於王。五爻居一卦之尊。天下之民情風
俗。由我而化所謂正己以正萬民者。故曰觀我生象上觀民也。即
外而觀民也上九居觀之終。剛健有德。雖夙爲民所瞻觀。因其高而无位不欲
出而觀民惟反而自觀謹身免咎而已。故曰觀其生象稱聖人象稱先王皆指
五爻君位而言也。象曰神道設敎以上體乾德示觀於天下。象曰省方設敎以
俯效巽風省觀夫民俗也。故卦名之觀。自上觀下爻辭之觀。自下觀上義雖不
同。各有所取所謂設敎所以一其觀聽消其逸志使之咸歸於中正之域一道
德而同風俗者也。故曰大觀在上。

（附言）神字從示從申。示唐韻音侍垂示也。說文曰天垂象。見吉凶所以示也。玉

篇曰示。語也以事告人曰示。申引伸也。蓋神者所以引伸其道以示人者也。象

傳曰聖人以神道設教。是以垂示神道以教天下也。古昔聖王之祭神以至誠

求神告而已。故上則神明假格。下則羣黎服從。觀卦之聖人以此設教其妙有

不可思議。天下一觀。而感應捷於影響。莫不服聖人之觀也。

余甞慨我邦神教之衰明治二十四年春甞創興陰陽寮之議一篇附記以

補神道設教之說。

恭惟我國稱曰神國。我國治道。稱曰神道。其所由來舊矣。蓋神道邦語曰惟

神之道。惟神者即隨神之謂也。故一作神隨。觀古先皇之建國以神祭爲政

事以神勅爲國是。凡一切政事苟涉疑慮皆依神教決之。是所以稱我國曰

神國也。國君通稱天子。天子者爲天之子謂奉天明命。撫臨萬國尊無二上。

以天爲父。故尊之曰天子上自大臣下至屬官皆佐天子以敷教者也。孟子

引書曰天降下民作之君作之師。惟曰其助上帝寵之四方。是天子而能助

上帝也。書曰乃文乃武乃聖乃神是天子而即爲神皇也。觀之象辭曰聖人

增補高島易斷

以神道設教而天下服可知治道通於神道唯神道乃可以補治道之不及。
古者國有大事必藉卜以決疑此神道之最彰彰者也。天人感通之理。其在
斯乎夫人雖賢明不能前知未來之事。唯卜筮則能前知昔在我國神代之
時乖鹿卜之法以問神意稱曰卜問今奈良春日畜鹿。即此遺意也。後與支
那交通傳得龜卜著卜之術神人感通之道愈備未來前知之法益明。天地
設位聖人成能人謀鬼謀百姓與能於是朝廷置陰陽寮於中務省設陰陽
頭陰陽助陰陽博士陰陽師等吏員以供其職。以修其業令典所乖自古有
然中世以來皇政式微寮廢官關。然當國家大事。皇上親祭伊勢大廟及賢
所使府縣知事代拜全國官國幣社告以事由。派遣吏員於外國使之參拜
賢所奉神威以臨異域。朝廷之崇敬神教未嘗或替。下民傚之。凡值神誕祭
禮及春祈秋報陳俎豆以饗神明。荐馨香以祈福佑雖卜筮之法幾廢。而酬
報之禮猶存也。我國地居東海古號神洲。是以神道之昭乖愈著。民心之愛
戴愈虔。凡忠君愛國之忱罔不自敬神之誠而煥發也。其功如斯。若能盡誠

盡敬。開明布教克復前徽。斯精靈感格。有求必孚。其靈效之顯赫。當更有進
者矣。皇政維新百廢俱舉。唯於陰陽寮。未見復設。無他維新事業。多創建於
兵馬倥傯之際。既又侵入歐米文物。汲汲模效西學。無暇復古。況西人蔑視
神道。創論爲無故習西法者。多惑其說。信口妄談。謗毀神祇。由是瀆慢之風。
行于家庭。則侮父兄行于府縣。則侮官吏。行于國中。則侮君上。敗人間之秩
序。害社會之安寧。方今天下之通弊也。察其弊所由來。皆由神道息微。以致
人心狂妄。不知畏敬。極其所至。其禍有不可勝言者矣。可不慨嘆乎。方今聖
明在上。獨斷萬機。大臣各進讜言。以相輔佐。復開貴族院衆議院。問國民之
輿論。以定國是。是所謂君從相從士。從庶民從之時也。然謀於野而不謀於
天。詢於民而不詢於神。未始非聖代之缺典也。古者命相則卜。出師則卜
之。求賢則卜之。禮曰。卜筮者所以決嫌疑定猶豫者是也。古時我國有行之
者。即陰陽寮之屬也。今廟堂之官吏。二萬六千人。皆立君子之位。獨陰陽寮
職。不聞復古。粤稽古時所稱神隨國者。其教既廢。其名亦殆將滅絕矣。余雖

不肯深爲之懼意欲修復陰陽之術推闡感格之誠然言之則罪犯僭越不

言則罪獲冥明其罪均也則寧言之不若使神國之稱得踐其實內可與四

千餘萬生靈同沾幸福外可使歐西各國昏昧而不知神道者得聞此靈明

玄妙之眞理也爰此致陳與復陰陽寮一議嗚呼所願當道君子贊成此議

振興與論得復陰陽寮之古職不唯本邦之幸福實足發世界之光輝也謹

議。

以此卦擬人事不外觀已觀人兩端而家業之興替關焉卦體下坤上巽二陽

在上四陰在下五居尊位一家之主爲家人所觀仰也四陰爲家人皆順從於

五一家之主首當莊敬嚴肅時凜承祭見實之意使家人觀感而化羣思澡身

浴德相孚以誠不敢偏存欺詐雖家主柔順謙和絶無苛責而中正之德亞爲

儀型自有不言而信不動而敬者矣天道正而四時調利家道齊而一門蕭睦。

故人倫之重稱爲天倫物則之微協於天則人能敬從天命與天合撰其神妙

莫測之機攸往咸宜一旦出而臨民先王所謂省方設教者措之裕如而僅施

諸一家一門之內猶其小焉耳。初爻爲一卦之始。如家中之幼子所觀者小。在

小人固无咎也。二爻陰暗柔弱。僅能關覘彷彿闚者從門隙而觀之。在女子尚

不失其貞也。三爻柔順之極能以順時進退。故不失其道。四爻比近於五。是家

主之親人其所觀最爲眞切。爲家主所信用者也。五爻則剛陽中正齊家之主。

凡家政之善惡皆存乎其生。故曰觀我生上爻居五位之上。爲家主之長親也。

雖其人已不關家政。而家人猶必仰觀其道德用爲法則。故不能不避而自觀

也。古昔文王德盛化神必曰刑于寡妻。至于家邦可知治國必本治家所謂觀

於家。而王道易易也。此卦全體陰盛陽微道極可危卦名曰觀五上兩爻二陽

在上。雖不言凶。一則觀我生。一則觀其生皆孜孜返觀內省。其防危慮患至深

且切凡人持身涉世時時能敬凜此旨庶可无咎矣。

以此卦擬國家卦象爲陰盛剝陽。唯賴神明之呵佑挽回衰運之時也。蓋內外

二體外卦爲政府。二陽在位。其中正剛強之德足爲億兆觀瞻內卦爲人民。四

陰在下懷柔順卑巽之情。常欲仰觀政化人民衆多。政府高遠彼小民不能親

觀夫聖德必就近侍夫君者之觀以爲觀四爻比五爲巽同體一卦之主凡下

三陰欲進而觀五必先觀四故初曰童觀如孺子之望宮門高不及見也二爻

曰闚觀有畏怯不敢直前僅以潛身窺伺也三爻曰觀我生進退三與四近是

以得觀視而定進退也四爻比近尊位得親侍聖躬瞻仰國光利用賓於王賓

猶臣也即涉見大人之謂也五爻爲大君中正得位蓋以二陽孤立高而可危故

曰觀我生其競競業業不間正人而先正己意甚深切六爻居觀之極在五之

上身雖無位與五合德曰觀其生蓋其惕厲之意與五亦同統觀四陰皆

以窺察大君之動作以爲進退二陽在上唯以明德新民孜孜以持盈保泰爲

慮爻辭曰盥而不薦有孚顒若謂君能至誠精潔可以格神明即可孚黎庶是

恭已南面無爲而治之旨也象辭即釋此意而引伸之曰大觀在上即有發發

乎可危之象曰巽而觀天下就卦體之巽順中正言君首當修明其

德爲天下觀觀天之道數句亦從盥而不薦來言天道神化不測寒暑往來四

時不忒聖人能效法神道當爲政教於變時雍天下咸服矣象傳曰先王省方

觀民設教。此即示以觀之之道。蓋象傳之旨以觀示下。象傳
之秉此陽德足爲民觀亦足以觀民。而羣陰服從。否則陽德有
四方省方者省察四方民心之向背也。觀民者考驗民風土俗之所尙也設教
上遍亦可危也。二陽爻皆言君子无咎君子者有德之稱有德則无咎無德即
有咎。反觀而自明矣。爲國家者安可不凛凛哉。

大象曰風行地上。觀先王以省方觀民設教。

坤爲地爲國土爲衆巽爲風爲命令此卦風行地上有施教於民之象。方者謂
四方省方者省察四方民心之向背也。觀民者考驗民風土俗之所尙也設教
者隨其地察其俗設教而施治也。夫天下之民情。或爲風氣之所囿或爲習俗
之所移各有所偏倚不能歸中正和平之域。先王見風行地上。有周流披拂無
處不徧之象法此以省方。有嘘枯吹新鼓動萬物之象法此以觀民設教。政教
二端。政以束其身教以導其心從省方觀民之後。而復設以教則因奢而敎以
儉因惰而教以勤斯教愈善矣。故孟子有曰善政不如善教之得民心也。要其

教之深入民心。猶風之遍行天下也。如此則化行俗美。弊革風清。觀之道無以加之。謂之省方觀民設敎。

(占)問時運。目下正當振作有為。宜出外歷覽不宜杜門靜守。○問商業。販運洋貨風險須防。○問家宅。宅中或舊有供奉神佛。或納入敎門之家。或是家主設館敎徒。○問戰征。有風雷疾捲之勢。可以掠得土地。收獲民衆吉。○問疾病。是風濕之症。宜流行活動。血調而風自息。○問出行遠游吉。傳敎更好。○問訟事。得平匀斷結。○問六甲。生男。○問天時。有風即晴。○問失物。初在地上被風吹遠。宜遍尋之可得。

初六。童觀。小人无咎。君子吝。

象傳曰。初六。童觀。小人道也。

童觀者。謂無遠大之識見。猶童稚蒙昧不能振拔。以觀道德之光。此卦六爻。各取義於觀。以地之遠近分觀之淺深。故其所觀。一爻勝於一爻。此義不可不知。

也。初爻以陰柔在下。是幼穉之氓。抱昏愚之性。處荒僻之區。所居旣遠。所觀亦

微。故曰童觀。小人者。以其昏昧。無遠大識。見固不足怪。是以无咎。若君子而如

是。不亦可吝乎。故曰小人无咎君子吝。象傳曰小人道也。以其位卑識微。只得

如是。道即小人道長之道也。

(占)問時運。初運未佳。幸無大碍。○問商業。初立場面。只宜就小。无咎。○問家宅。

防有童僕偸竊之患。○問戰征。防有小勝大敗。○問疾病小人無碍。大人不利。

○問行人宜就近无咎。○問六甲生女。○問婚嫁。自幼結親吉。○問失物防爲

小兒拋棄。

(占例)某石炭會社員來曰當某局石炭購入試驗甲乙石炭之火力。然後將付

之入札。請占其勝敗如何。筮得觀之益。

爻辭曰初六童觀小人无咎君子吝。

斷曰觀者見也。見石炭之眞質也。今某局方購人石炭試驗火力。然後競爭入

札。可謂行公平之法則者也。謂之大觀在上。中正以觀天下。今占得初爻初六

在下。僻處遠方。曰童觀以幼童見識。昏愚短淺。蓋指檢查者之無識也。爻曰小

人无咎君子吝是正者取敗不正者得勝之時也茲競爭者某富狡猾之智於

試驗之際其設計行詐弊有不可勝防者深恐會社取敗。

後果如是。

○友人來告曰偶得某豪商招待狀余同業中亦當集會請占此日接待之景

況如何筮得觀之益。

爻辭曰初六童觀小人无咎君子吝。

斷曰此卦象辭曰大觀在上必是一絕大集會也今占得初爻初陰在下地位

甚卑在足下見識高遠老成簡鍊余所知也爻辭曰童觀小人无咎恐有屈尊

就卑之嫌接遇如此小人尙可君子未免不快於心外恥于人內慚于己謂之

童觀小人无咎君子吝。

某聞之如有所疑因彼好意亦不能辭遂臨其席當日余亦同席數十人中某

適列末座某在同業中智識才力可駕衆人上此日受斯接遇不知何故。

六二。闚觀。利女貞。

象傳曰闚觀女貞。亦可醜也。

艮爲門坤爲闔戶闚觀者。蓋從門隙而窃窺之也。二爻以陰居陰。位得中正雖進於初爻。其位尙卑。見識亦劣不能觀剛陽中正之大道。僅見其髣髴而已。譬于齊人一妻一妾。章其妻曰吾將瞷良人之所之矣。瞷闚闚字皆從門義同是女子之行也。故曰利女貞。在丈夫當目觀天地之廣遠心觀萬理之幽微。內觀己之身心外觀天下之形勢豈得以潛探暗窺爲得計乎象傳曰。闚觀女貞。亦可醜也。女以貞爲利女子而闚觀。尙未爲失若丈夫則醜矣。亦字承初爻吝字來。初爻以小人勵君子二爻以女子激丈夫。

（占）問時運。目下運亦不佳只宜株守若婦女占之大利。○問商業。蠶絲業大利。餘不佳。○問家宅。必是婦女主家利。○問疾病是陰寒之症。无害。○問出行須携眷同往若行人必携眷偕歸。○問六甲生女。○問失物恐在門隙之間窺探

三十九

四七五

得之。

（占例）明治二十三年。占貴族院筮得觀之渙。

爻辭曰。六二。闚觀利女貞。

斷曰。二與五應。五爻陽剛爲政府居高而下觀人民。二爻陰柔爲人民。在下而仰觀政府。上下相應也。乃二爻不能正觀。而曰闚觀以其陰柔。故爲女子也。此卦六爻皆曰觀。而見識高下。各自不同。特就全卦意旨而分釋之。

初爻卦之最下也。在人爲最下等。其見識恰如童子。不辨事理。故其辭曰童觀。

小人无咎君子吝。

二爻以柔居陰。爲闈中之女子。女子之性。維能主闈內之政。不達世務。故象傳曰。闚觀女貞。亦可醜也。

三爻進二爻一等。有自知之見識。故力之所及則進。不及則退。故辭曰觀我生。進退。

四爻進三爻又一等。知我知人所謂大觀達識者也。出用王家。足以觀國之光。

是能束帶立朝爲王國之賓者也。

五爻中正得位。洵足爲羣黎觀望。五爻不曰俯觀民情而內觀躬修。是所謂其

身正不令而行者也。故曰觀我生。

上爻居无位之地。是賢臣而功成身退者也。雖不任事。而亦爲民所觀四爻爲主

卦以陰而居上下之間從違之所存。上爻曰觀其生。其指四爻謂觀四爻之動

作也。四爻而君子必无咎也。象傳曰志未平也。言上爻之志猶未安也。全卦之

意概如斯。今占貴族院。得二爻二爻居陰之正位。上應九五貴族院者。集皇族

華族國家之元老其他多額納稅者亦與焉。是欲通觀宇內之形勢創建維新

之議論得與歐米各國競進。取彼之長補我之短。更將駕各國而上之爲各國

所瞻觀也。爻辭曰闚觀利女貞。是以我國一時只知順從觀猶未遠殆將激勵

而更進之也。此占蓋期見識更進一步。

六三。觀我生進退。

增補高島易斷

象傳曰。觀我生進退未失道也。

我生者指動作施爲之自己出者。意思之發動。亦謂之生。觀我生進退者謂省

視我志之正邪。我行之通塞。而進退之也。又進者謂往剛退者謂反柔。繫辭曰。

變化者。進退之象是也。三爻居上下之間。在下卦之上。可以進。可以退。地位較

二爻稍近。其見識亦稍勝。故能審觀我生之所宜。以卜進退度德而就位量能

而居官隨其可否而進退。謂之觀我生進退。一出而成天下之事。是所行之通

也。則可從而進。雖出不能成天下之事。是所行之基也。

退於己取之而已。象傳曰未失道也。謂其觀己之才德察時之可否以用意於

進退去就。雖未至得道。要無誤身失時之憂也。

(占)問時運。目下運却平平。能度德量力不自妄動。雖無所得。亦無失也。○問商

業謹愼把細隨買隨賣。聽時計價決無失也。○問家宅宜舊宅不宜轉移。○問

戰征宜審察軍情隨機應變決不致敗。○問行人歸心猶豫未決。○問六甲生

女。○問疾病。全宜息心自養。可保無虞。○問失物。即得。

（占例）友人來訪云同業者三名料合欲創始漁業於北海道。請占前途吉凶筮

得觀之漸。

爻辭曰六三觀我生進退。

斷曰觀風行地上之卦也。風之爲物不可目觀以物之動搖始知有風焉之事

業以座上之談論與最初之胸算雖如容易。至其實際。有遭遇意外變動之劇。

今三名連合創始漁業其他二人比足下才智金力皆居下位恐有半途頓逸

之虞足下若無獨力成全之力量必不可著手今占得此爻曰觀我生進退細

此事業進退全在我生。毫不須假他人之力惟在己預籌其智略。自可定成否

也。

後某不用此占與他人連合。他二人未半途而挫折。某亦預支算外費用且貸

出多額之金適海魚不發不獲奏其功却取大敗。

六四。觀國之光利用賓于王。

象傳曰觀國之光尙賓也。

王指九五。陽明陰暗。九五陽爻有光明之象。不言君而言國者。專屬當陽一人。國則統朝廷百官而言之也。觀國之光。謂觀國中風俗之美惡。政敎之隆替。光者國之光華也。賓于王者。謂古有賢者。人君賓禮之故士之仕進王朝者。謂之賓。明主在上。懷抱才德之士。皆願進仕王朝輔翼君上以康濟天下。此君子之志也。四爻近五位之尊。爲一卦之主。黼黻王猷光被四表。故曰觀國之光。利用賓於王。項氏曰。履正故爲賓。不正即爲敵。是國有光可觀則賓國无光可觀則敵。四以柔居陰。位得其正。蓋言曰得陰之正。故有效順而无跋扈也。象傳曰尙賓也。賓即書所云賓於四門之謂。蓋敬禮之也。此卦四陰二陽。與剝之五陰一陽。陰盛逼陽。勢皆危險。六四爲四陰之魁。進逼君側。五爻以賓禮尙之。是隆其禮而不假以權也。可謂善處其觀者矣。剝之六五曰貫魚日以宮人寵无不利。此爻與剝之六五爻互參看。可以察其義也。

（占）問時運。目下當盛運求利可。求名尤佳。○問商業。宜販運出洋。不特獲利且

可得名。○問家宅主有喜事臨門。光增閭里。○問戰征必得大捷。論功邀賞。主

名竹帛。○問疾病不利。○問行人不歸。○問六甲生男。且主貴。○問訟事得直」

（占例）明治七年。占某貴顯渡航清國。筮得觀之否。

爻辭曰六四觀國之光利用賓于王。

斷曰觀者四陰得時。上逼二陽之卦。有臣民得勢。將犯君位之象。今占得四爻。

貴顯渡航清國。將與彼國有談判之事。貴顯必能發揚國威。不辱君命。將發我

國之光爲外人所仰觀彼國之王當必以賓禮相敬待也謂之觀國之光利用

賓于王。

某貴顯果如此占。不辱君命。完其任而歸朝。

九五。觀我生。君子无咎。

象傳曰。觀我生。觀民也。

觀我生者。與六三同辭。其義殊異。五爻尊位。居中履正。是當陽首出之一人也。

陽剛在上。爲觀之主。四海之內。由我而化。治道之隆替。風俗之美惡。皆自我生

而推。豈。故不觀人。而觀我。觀之而我之敎化善焉。則天下皆有君子之風。是可

以无咎矣。謂之觀我生即中庸所云本諸身徵諸庶民者是也。象曰觀我生觀

民也。王者以中國爲一人。民心之向替無。往不自我觀。我即所以觀民也。

(占)問時運目下運得其正直道而行。無往不利。○問商業當由我把定主意賣

買販運無不利。○問家宅此宅必由我建造君子居之之大利。○問戰征當審察

己營。所謂知己乃能知彼也。可獲大勝。○問疾病有命在天无咎。○問行人即

返。○問失物仍在身邊未失也。○問六甲生貴子。

(占例)友人某爲推選會社社長請占會社之盛衰竝得觀之剝。

爻辭曰九五。觀我生君子无咎。

斷曰此卦名觀。有上下互觀之義。下之觀上。仰其威儀。上之觀下。察其賢否。今

占得五爻曰觀我生。則是返而觀己也。謂我而不善。何能望人之善。我而善。自

足化人之不善。故觀人不如觀我。今足下選充社長。爲一社之主。社中諸事。皆

由足下一人而出也。足下當先內觀於己。社友之從違。咸觀足下之向背歸社運之盛衰。亦在足下而已。足下其自審之。同氏聞之。努力奮勵。社員及職工。皆感其風云。

上九。觀其生。君子无咎。

象傳曰。觀其生。志未平也。

上爻具剛明之才德。居五爻之上處。一卦之終。雖高而無位。其一動一靜。爲眾人所屬目。既爲眾人所觀。不能不自觀其生。與五同德。故亦與五同觀。觀我生。觀發施之政教。觀其生。觀平時之行義。稍有不同耳。而要皆以君子爲歸廎无咎也。象傳曰志未平也。言上處極必危。雖無其位。未忘恐懼曰志未平。其謹畏可知也。

(占)問時運。盛運已過。反躬自省。亦无失也。○問商業。此種貨物。已將告罄。由我得價。自然獲利。○問家宅是老宅基生息繁盛。有利无咎。○問戰征軍事將終。

即可旋凱。○問疾病。命運不久。○問訟事。即結。○問六甲。生男。

（占例）明治十八年歲杪。鳥尾得菴君來訪。晨夕談論易理。余言易理玄妙。今日之精通易道者蓋已寥寥矣。鳥尾君曰。天下之廣人材之多豈無一二之通曉者乎。余曰。余自玩易理二十有餘年。然感通之力僅得感之初爻猶未能窮其奧也。自孔子以來。直得神明變化者。世多不聞其名。由是觀之。彼此之妄談卜筮者皆皮毛耳。論難數回。鳥尾君曰。有無之論辯不須煩言不如一占以決之。乃筮得觀之比。

爻辭曰。上九。觀其生。君子无咎。

斷曰。上爻者卦外無位之地。此卦象辭首言神道。是假格神明之卦也。諸卦之例以六爻配三才。以五爲天位。上居五上。是謂天子之父。即天也。今占得上爻。曰觀其生明明敎余反觀內省。於易之道果得窺透一二。余不能窺透即知人亦以未能窺透也。又上爻於時爲未來。今日雖無其人。後世或有能精曉者矣。鳥尾君首肯曰。以此觀之。今時之無其人。可知也。易原非再三可瀆。余亦試十筮。筮得節之需。

象傳曰不節之嗟又誰咎也斷曰今時求眞通易道者。猶霜月求春花。暑夏欲

冬。粱其不可得。天也。非人之咎也。易之靈妙。二筮一旨相與浩歎而別。

○親友某爲構造三層房屋示建築學士繪圖請占可否筮得觀之比。

爻辭曰上九。觀其生君子无咎。

斷曰此卦象辭首曰大觀在上。觀字亦作樓觀之觀有高樓之象爲今占得上

爻。知學士見識高妙。其以歐米各邦有名建築之圖。畫爲模範。如此構造壯則

壯矣。歐洲風土氣候與我國異則家屋之建築。亦不得不從而異。在建築師所

當體其意而折中焉可也。如我國以夏爲本位而建造彼國以冬爲本位而建

造。故我國家屋擬西洋構造者夏日乏風而苦熱冬日乏陽而苦寒他如事務

室。有旦晝不能滅燭者。此構竣功以後防有齟齬。多致改造變更之事。故象傳

曰觀其生。志未平也。

䷔ 火雷噬嗑

噬嚙也嗑合也。嚙而合之也。卦全象頤以初上二剛爲兩唇以三四五四陰爲齒上下斷齗有噬之象。以四爻一剛梗於其間。如物之在口。初上二剛以四爲梗。遂致上下不得合。下唇動上唇止。必噬乎四之梗。梗消而兩唇乃合。謂之噬嗑。卦承觀來序卦曰可觀而後有合。故受之以噬嗑。噬嗑合也。既有可觀。後必來合。噬嗑所以次觀也。

噬嗑。亨。利用獄。

雜卦曰噬嗑食也。凡食下咽則口合。有物梗之則口不合。不合則不通。合則亨通矣。故曰噬嗑亨。由是而推之。在家庭則有讒邪以梗之。在朝廷則奸佞以梗之。在道路則有强暴以梗之。一如物之在口。有梗則不通也。欲期其通。當先治其梗。治梗者利用獄治獄宜剛。象取初上兩剛用之者。則在五爻也。獄囚也。外

卦離體。外實中虛。有獄象焉。內卦震。震威也。外卦離。離明也。威而且明。有治獄

之才焉。故曰利。如是而噬嗑濟矣。

象傳曰。頤中有物曰噬嗑。噬嗑而亨。剛柔分。動而明。

雷電合而章。柔得中而上行。雖不當位。利用獄也。

頤本合也。因中有物梗。則上下不合。卦體初上兩剛在外。二三五三柔分列上

下。四爻一剛在中。如頤中有物之象。必得初上兩剛相交。噬而嗑之。嚙去其梗。

頤斯合矣。頤合梗去。則亨通也。故曰噬嗑而亨。此卦內卦一剛二柔。外卦二剛

一柔。是剛柔相分也。雷動也。電明也。動而明。雷震而電爍。一時合發。威耀交章

也。柔得中指六五言。以柔居剛。柔得中也。上行謂五居尊位。柔而處陽位。

雖不當而利於用獄。蓋用獄過剛則傷猛過柔則傷寬。剛柔得中。而獄平矣。統

之物。有害於口齒間者。人以噬嗑治之。物有害於造化者。天地以雷電治之物

有害於政治者。先王以刑獄治之。所謂噬嗑而亨者。道在此矣。故噬嗑一卦。爲

治天下之大用也。

按賁卦亦有物在頤中之象。然上卦艮止。下卦離麗上。止下麗而不動。故不能

噬物雖有頤中含物之象。無噬物之義也。

以此卦擬人事卦象爲頤中有物曰噬嗑。謂頤因物梗不能合也。推物之所害。

不第頤然物入於耳而耳必不聰。物生於目而目必不明。物入於胸而胸必致

病物入於心則心必致蒙。是物之害在身也。極之父子之間有物以間之則父

子乖兄弟之間有物以間之則兄弟離。夫婦之間有物以間之則夫婦怨朋友

之間有物以間之則朋友疏。是物之有害於彝倫也。欲除其害。在治人則用刑

獄在治己則用內訟。其法一也。動爲雷。動以致其決。明以察其幾動與

明合。而賞罰章焉。以位言之。五爻爲君以德言之。五爻爲心。心所以稱天君也。

此卦五爻以柔居陽曰柔得中。謂心能柔而用剛則剛柔得中。斯不失嚴亦不

失寬而內訟之功用全矣。卦名曰噬嗑。彖辭曰頤中有物。皆取象於齒頰間。故六爻中。

曰滅趾。曰滅鼻。曰噬肉。曰噬腊。曰滅耳。皆取象於人身。是誠爲剝膚之災也。在

増補高島易斷

內則物欲去而心身亨。在外則讒邪去而萬事亨所以善其治者。全在天君也。

易理所賦甚廣。爲家爲國爲身。在占之者隨事取之耳。

以此卦擬國家。朝廷中所最害政者。羣僚在位有一讒佞與立其間顛倒朝政。

惑亂君心。雖有賢能。被其離間不能協力共事。此國家所以日替也。此卦四爻。

一剛在中間阻上下即其人也。初上二陽。一上一下不相會合二三柔順無能。

五爻以柔居陽比近於四未免偏聽雷伏而不動電匪而無明治道之不亨。職

是之故象辭所謂頤中有物者其象亦猶是耳頤中有物治之利用齒朝中有

讒治之利用獄而主獄者則在五爻之君相輔而治獄者則在初上兩剛然以

剛克剛遇剛則折猶必用二三兩柔調劑其間斯四剛帖服在五爻之君以柔

居陽。位雖不當。而能發雷之動效電之明雷電交作。治道乃章。動而明則刑無

或枉。明而動則罪無輕縱是以剛柔得中。而獄平矣。六爻歷言治獄之方。初輕

刑而寡過二乘剛而易服三遇毒而无害。四守貞而獲吉。五用中而恤刑要皆

得剛柔之宜。唯上爻酷刑而有凶是用剛之過也。即足爲治獄者戒。就一卦言。

九四爲頤中之物。即梗法之人。是受獄而待治者也。就六爻言。九四剛直守貞。

爲治獄之能才也。蓋卦象而爻辭各取其義玩其占者。毋以辭害意也。

通觀此卦。其象取全體象頤。初上兩剛象口之上下唇。二三五三柔象齒。四一

剛梗於口中象頤中之物。初上兩剛。爲四梗於其間。遂致上下不能合。故卦曰

噬嗑。欲使兩剛上下相合。必去其間之梗物。欲去其梗。利用獄。又取上下雷電

二象爲治獄之用。雷以挾伏電以燭奸。動則能斷明則能察合而施之刑法昭

章。六五雖不當位以柔居陽爲治獄之主。專用初上兩剛相合爲治剛柔合而

間去間去而獄平卦旨如此。在六爻則又有各取其義。或以初上兩爻爲无位爲

受刑之人。中四爻爲用刑之人。就卦體觀之。以四爻一剛爲受刑之人。餘五爻

爲用刑之人。然爻辭皆主利用獄。未嘗有用刑受刑之別也。但兩剛不能獨噬。

必合諸柔而共噬。故諸爻各有所噬。而噬之中。又分其堅柔焉。二噬膚膚柔而

易噬。其罪輕。三噬腊肉較膚而稍堅矣。故有毒。四噬乾胏胏肉而帶骨較腊肉

而益堅矣。利艱貞。五噬乾肉乾肉者言獄之已成也。五爲主獄其所治者皆刑

官之已決者也。五重省之。故貞屬。初曰屢校。初在下。剛猶微。故刑在足。是薄罰
也上曰何校上居終。剛已極。故刑在首則過猛矣。兩爻獨不言噬或之所爲受
刑者。其以此乎。總之六爻用獄各有次第得其當。故皆曰无咎。利艱貞則曰吉。
用其極。則曰凶平則勸之。過則戒之。愼之至也。故象傳曰雷電噬嗑與豐二卦最詳。
罰勑法言先王明威並用即刑期無刑之意。易之言用獄。噬嗑先王以明
豐曰折獄致刑噬嗑曰明罰勑法其審決精詳。足懲後世妄書之濫此全卦之
義也。

大象曰雷電噬嗑。先王以明罰勑法。

埤雅曰電與雷同氣雷從回電從申陰陽以回薄而成雷以申洩而爲電是皆
天地之怒氣震發而示威於天下者也。有用刑之象焉。或曰雷出天氣電出地
氣天地氣合而雷電作噬嗑即以初上二剛爲雷電先王取其象以治獄明以
象電之光。勑以象雷之震罰明使民知避法勑使民知畏斯罰無枉曲法無偏

私。朝廷之刑罰。一如天廷之雷電。天以好生爲德。王以恤刑爲心。其道一也。其
治隆矣。

（占）問時運。目下正當好運發動。有威儀。有光耀。聲名遠播。上達之象。吉。○問商
業買者賣者。一時會集。有貨物旺銷之象。吉。○問家宅。天盤地盤皆動。防有火
災。須小心謹愼。可以免禍。○問疾病。是鬱熱之症。導宜透發。或熱極作狂。須愼。
○問訟事。判決明允。○問天時。有雷雨驟降之象。雨後即霽。○問婚嫁。陰陽一
氣。定必百年好合。吉。○問行人。即歸。○問失物。恐被人吞沒。

初九。屨校滅趾。无咎。

象傳曰。屨校滅趾。不行也。

震爲足。初剛居陽在下。象足。初爲震之下畫。亦象屨校刑具。木校也。加校於屨。
即加於足也。滅沒也。以校之小。僅沒其趾。罪小而罰輕也。初陽猶微。用刑亦寬。
小懲之。使不復爲惡而已。故用刑與受刑兩无咎也。象曰不行也。古人制刑有

小罪則校其趾禁止其行。使不敢復蹈前非。故曰不行也。

（占）問時運。目下防有小災。幸無大患。宜愼。○問商業。材木交易。最爲不利。餘商

亦宜謹愼。○問家宅。有與工改造之意。无咎。○問疾病。或足患瘡瘍。或患脚氣

症。是初發。醫治自易。○問戰征。防有埋伏。宜愼。○問婚嫁不利。○問行人未歸。

○問六甲。生男。恐小兒有脚疾。

（占例）明治二十三年春友人某來謂曰。今欲合與一業。請占成否。筮得噬嗑之

晉。

爻辭曰。初九屨校滅趾无咎。

斷曰。此卦下卦震爲木有動性。上卦離爲火。其象恰如負薪向火進必陷難以

勿進爲宜。今占初爻曰屨校滅趾无咎。然雖曰无咎不免小懲象傳曰不行也。

明告以事不可行。宜罷而不復爲。

友人聞之曰。今得此占愈知其不可爲也。余所欲爲。本非十全之策。當謝絕同

人也。爾後友人又來曰。實三人同謀貸金業。若有以株券及公債證書爲抵當

借金者。返還之際。一依財主之便宜予以他證書。得借主承諾之證書貸金。其

所抵當公債證書株券等連即賣却。又以同一方法貸與其金次第如此。是不

須資本可得大利。若有請返還之者。付以低落之株券等。萬一事不如意則隱匿

財產爲破產之策。後奸策發露。二人已下獄。易理之妙。實可驚嘆。

六二。噬膚滅鼻。无咎。

象傳曰。噬膚滅鼻。乘剛也。

膚者。柔軟無骨之肉。噬之甚易。喻獄之易治。滅鼻者。喻得情之深。二爻應五。居

中得正。是用刑之得其中正也。刑得中正則罪人易服。雖噬膚而滅鼻。无咎也。

互卦艮爲鼻。此爻居艮之初。上有互卦之坎。以艮陷坎下。有滅鼻之象。象傳曰。

乘剛也。乘初之剛。以濟其柔。故噬之。而深沒其鼻也。

（占）問時運。目下平平。因才力淺。膚宜乘大力者行事。○問商業。現時貨物有膚

寸而合之象。不妨深藏待價。乘時出售吉。○問戰征。膚大也。鼻始也。從今伊始。

可奏膚功。吉。〇問家宅。鼻爲祖。滅鼻即滅祖老宅不利。〇問疾病現下邪在肌
膚。致恐深入爲患。〇問行人偕伴而歸。〇問婚嫁。定是興旺之家。可成。

（占例）明治二十五年十月二十五日。杉浦重剛菊地熊太郎三宅雄次郎志賀
重昂陸實諸學士。會於星岡茶寮前一夕。政府有命停止日本新聞發行時陸
氏爲該新聞主筆問。余以解停之期。筮得噬嗑之睽。

爻辭曰六二。噬膚滅鼻。无咎。

斷曰此卦頤中有物之象。噬之粉齏。自得亨也。故曰噬嗑亨。今該新聞紙所載
事項有障害政府政府停止發行。是其間爲事所梗塞也。噬嗑之卦利用獄今
六二居下。其罪不重。所謂噬膚滅鼻者。如噬美肉。誤爲熱汁傷鼻。象編輯者。勿
卒執筆觸政府之忌諱。被折其鼻也。鼻屬金。滅鼻者。爲停業而損貨財也。下卦
爲震。於數爲八。此爻變爲兌。兌數爲九。今後八日。或至九日。必可解停。

後八日果解停陸氏贈書報知杉浦氏感其奇中也。

〇親友某來曰有一商業。爲有望之事。請占其成否并吉凶。筮得噬嗑之睽。

爻辭曰。六二。噬膚滅鼻。无咎。

斷曰。此卦口中有物所梗。擬之商業。則爲積貯物品之象。今占得二爻。是輕易

看過商事。反來意外損失。噬膚者。謂肉柔而易噬。滅鼻者。爲逢着剛强。商家致

遭折鼻。故宜子細留心。愼密從事。可无過也。故曰噬膚滅鼻无咎也。

後果如此占。

六三。噬腊肉遇毒。小吝无咎。

象傳曰。遇毒。位不當也。

腊肉者。肉中藏骨。難噬之物也。骨藏肉中。人所不察。此爻以陰居陽。外柔內剛。

有腊肉之象。乾肉歷久噬之。有肉敗生毒。互卦(三四五)爲坎。坎者毒之象。肉毒。

如罪人强暴。治之而遇反噬。是可吝也。然用刑非爲不當。故雖可吝亦小焉。

終无咎也。象傳曰位不當也。柔居陽位。不得其當。故罪人不服。而反遇毒也。

(占)問時運。目下運氣不正。於得意事中。每多失意。或待人而反受人怨。幸無大

害○問商業明明可獲利之業。或反有小損。多以處置不得其當。○問戰征屯

營不得其地。防有小敗宜謹守。○問家宅。宅神不安。恐有小災宜禱。○問疾病

藥不對病。幸小病无碍。○問行人因事未歸。○問六甲生女。

(占例)友人某來。請占刑事裁判筮得噬嗑之離。

爻辭曰。六三噬腊肉遇毒。小吝无咎。

斷曰。此卦為口中有物不噬則不通。猶彼我之事。中間被人阻隔。非用力除之。

不得調和。今占得六三。噬腊肉遇毒。腊肉肉中帶骨堅靱難噬。久則有毒。如

犯人剛強難治。久將反噬。未免有小吝也。然秉公審斷。終得罪狀。故曰无咎裁

判此案。自當審愼。

後果如此占。

○占明治三十年秋豐歉。筮得噬嗑之離。

爻辭曰。六三噬腊肉遇毒。小吝无咎。

斷曰。此卦頤中有物之象。占年成豐凶。得此卦。尤見適應也。三爻辭曰噬腊肉

遇毒臘肉者。醃乾之小獸肉。體具備腊時。既久易致生毒。是食物之不潔者也。

此卦有雷電交作之象。防七八月間大雨發損害田穀。秋收不足。穀食缺乏。致

人民混食雜糧。或遇毒而致病。謂之噬腊肉遇毒。然今有外國米穀輸入甚便。

得以濟飢。故曰小吝无咎。

是年八月果氣候不順。洪水遍發。致米穀缺乏。幸輸入外國米。藉以濟荒。

九四。噬乾胏得金矢。利艱貞。吉。

象傳曰。利艱貞。吉。未光也。

乾胏。乾肉之有骨者也。其堅至矣。堅以象九四之剛。肉柔骨堅以象九四之陽

居陰位。四剛在中。其治獄必合初上兩剛而並治。初剛一畫爲乾。乾爲金。故初

有金象。上剛一畫屬離。離爲矢。故上有矢象。四近比五。爲治獄之大吏。初上皆

從之。故曰得金矢。金剛矢直。剛與直爲治獄之要道。九四得之。有何獄之不可

治也。故乾胏雖堅靱。不難噬。猶言罪人雖強悍。不患不服矣。在四以柔居剛。剛

或剛嚴。故利用艱。柔或過寬。故利用貞艱且貞則吉矣。六爻中獨四稱吉象傳
曰未光也。謂治獄則吉而四居離之初離明猶微故曰未光也。

(占)問時運目下改舊從新正當盛運萬事皆吉。○問商業譬如食肉得金有利
過於本之象大吉。○問家宅家業素封安不忘危常不忘變保家要道吉。○問
戰征。能獲敵糧餉獲敵弓矢無堅不摧所向皆利但勝時更宜謹愼爲吉。○問
婚嫁以勤儉之家吉。○問疾病此症非易治須謹愼調養吉。○問六甲生男。○
問行人在外得利尚未歸也。

(占例)相識某因商業上生一大紛議請占其結果如何筮得噬嗑之頤。
爻辭曰九四噬乾肺得金矢利艱貞吉。
斷曰此卦有隔絕彼我於中謀攫大利者首當用力除去其害今占得四爻曰
噬乾肺乾肺堅靱難嚙知其人必剛暴難治曰得金矢金矢貴重之品想所以
爭訟者即在此貴重之金矢也。就金矢取象金剛象矢直象必得一剛直之人。
方能判決然處置甚難非一時可了。故曰利艱貞始終忍耐雖多紛議自然歸

結。可勿勞心也。

後果如此占。

六五。噬乾肉得黃金貞厲。无咎。

象傳曰。貞厲无咎。得當也。

噬乾肉者。喻肉之無骨易噬得黃金者。黃爲正。取正中也。金爲剛物取堅剛也。

此爻備剛明之德。尊居五位。即斷獄之君也。乾肉爲肉已乾獄而至於人君親

決亦必獄之已成者罪雖已定。而人君猶有罪疑惟輕之意。故曰貞厲。如是而

用刑。復何有咎象傳曰得當也。謂能以柔用剛守正慮危治獄之道得其當也。」

(占)問時運運正得時所求所謀。無不如意。吉。○問商業所販運貨物。皆是上品。

乾淨完美。大得利益不特一時。此業可保長久吉。○問家宅方位得當大利。○

問戰征主敵城柔弱易攻吉。○問疾病肉食宜忌久亦可危須謹愼調攝○問

行人正獲利歸來。○問六甲生男。○問失物即得。

（占例）占明治二十二年之米作。筮得噬嗑之无妄。

爻辭曰。六五。噬乾肉得黄金貞屬无咎。

斷曰。雜卦傳曰。噬嗑食也。象傳曰頤中有物曰噬嗑。噬嗑而亨。此卦皆關食

物者也。此卦雷在下電在上。互卦四爻爲七八月。防有洪水。今占得五爻。爲豐

作之兆也。爻辭曰。噬乾肉乾肉可藏。新穀登塲。納之倉廩。亦取其藏也。曰得黄

金稻得黄熟時稱曰遍野黄金。米粒稱曰金粒。玉粒。蓋言豐也。年豐穀熟販運

者廣。米價未必低落。農民既得十分收穫又得高價出賣。亦謂之得黄金也。

果至七八月間多雨。二三縣雖有被水慘狀。全國概得十分豐登。米價頗貴。知

易理之精妙。不可測度。頃日會某貴顯談及此占。貴顯感歎不措。

○明治二十七年十二月。我海陸軍在清國山東省威海衛。清國軍艦。據要地

防禦我軍艦在港外砲擊不得其宜。是月二十日余偶會土方宮內大臣于汽

車中。大臣問余以威海衛戰況。余筮得噬嗑之无妄。

爻辭曰。六五。噬乾肉得黄金貞屬无咎。

斷曰。此卦爲頤中有物之象。今清兵懲過日之敗退守僻地。我海陸兵。包圍清國海軍猶頤中有物也。今占得五爻。戰機正熟擊敵之堅。可有意外之獲也。謂之噬乾肉得黃金雖所行危險。可保無害。謂之貞厲无咎也。

後果伊東海軍中將以水雷艇擊破鐵索侵入港內擊沈定遠等數軍艦。敵將丁汝昌以下自殺鎭遠等軍艦悉歸我有。

上九。何校滅耳凶。

象傳曰。何校滅耳。聰不明也。

上居極位。在五之上。爲離上畫。剛明過盛。校木校刑具也。初陽在下。故校在足。上陽在上。故校在首。何校滅耳。校之厚。知刑之酷也。治獄之道與其失入不如失出。宜以欽恤爲心。上九剛強自用重刑示威安能無凶乎。故曰凶象傳曰聰不明也。謂訟曰聽全在於聽。剛剛而不中。失其聰。即失其明。故曰聰不明也。

(占)問時運。目下大運已終。能以柔和處世。可保無愚若任用強難免凶矣。○問

商業得利即止。不可過貪。斯无大損。○問家宅防有意外之災凶。○問戰征切

勿前進。前進必凶。○問疾病。或耳鳴耳聾。或項上生毒凶。○問六甲。生男。防有

大項聾耳之疾。

(占例)東京麴街酒店主人某。家業上夙操苦心。頃日忽然不理事務。一日午前

出家。日暮未歸。家人尋之。不得踪跡。時平川町盲人鈴木孝伯嘗就余學易。家

人因請占卜。孝伯筮得噬嗑之震。

爻辭曰上九。何校滅耳凶。

孝伯斷曰。此卦內爲震雷。外爲離火。南離方也。麴街之南。雷火發動者蒸氣車

也。占得上爻。其辭曰何校滅耳凶。以此推之。恐主人觸蒸氣車。有滅耳而死之

象也。

聞者皆驚。或猶未信。旣而夜十時。愛宕下警察署。急召喚家人。告以主人鐵道

上橫死之事。聽之果首耳俱裂。至是皆敬服易理之妙。余聞之喜孝伯判斷酷

似余言。故附記之。

○明治三十二年四月。某貴紳妻。初有孕。至臨月踰期未產。爲占其分娩難易。

筮得噬嗑之震。

爻辭曰。上九。何校滅耳。凶。

斷曰。噬嗑之卦。二陽在上下。一陽在三陰之間。即妊娠之象。今占分娩。見有滅耳之辭。是胎兒肥大。難於生產。恐相軋而傷其耳也。

後果此婦臨蓐久不得產。醫師見產婦不堪。將施術截開。漸而分娩。蓋因兒肥大。爲產門所阻。致耳受傷。因以硝酸銀灼之療其傷也。兒雖不至滅耳。其受傷也確矣。

䷕ 山火賁

賁從卉從貝。此卦上卦艮。艮山也。詩山有嘉卉。故賁上從卉。且艮為果蓏有卉之象。下卦離。離為龜。蓏為蠏。蠃為蚌。龜皆貝也。爾雅龜三足名賁。故賁下從貝。序卦曰賁飾也。卉貝皆具彩色。是以謂飾。傅氏云賁古班字。文章貌。言斑駮陸麗有文也。彖辭所謂天文人文。由此來也。為卦山下有火。山生草木。下有火。照徹則草木皆被其光彩。書曰賁若草木。亦足證為卦上承噬嗑。序卦曰嗑者合也。物不可以苟合。故受之以賁。蘇氏曰。直情而行之謂苟。禮以飾情之謂賁。禮以飾情。在乎相與為敬。敬則其合可久。此賁所以次乎噬嗑也。

賁亨。小利有攸往。

賁卦上體山。山蘊質素下體火。火吐文光。下火上燭則質而有文。故曰賁文質交錯。剛柔得中。故曰亨。離火之明。遇山而止。則加進者小矣。故曰小利有攸往。

其義則象辭詳之矣。

象傳曰賁亨。柔來而文剛。故亨。分剛。上而文柔。故小

利有攸往。天文也。文明以止。人文也。觀乎天文。以察

時變。觀乎人文。以化成天下。

此卦與噬嗑對。以噬嗑變。噬嗑上六五柔來二。變柔為六二。成離下。是爲柔來
文剛。噬嗑下初九剛往上。變剛爲上九。成艮上。是爲剛往文柔。剛柔相雜而爲
成。是天下之文也。柔來文剛。離明於內。故無不亨。剛往文柔。艮止於外。故小利
有攸往。卦以上爻爲極。極即天也。上爻曰白賁。自然之文。故謂之天文也。九三
在人位。爲一卦之主。當文明之盛會。故謂之文明以止。人文也。天文者。日月星
辰光華內煥。不假外飾。自然之文也。人文者。人倫庶物。綱紀在先。節文在後。修
飾而成文也。有聖人作。仰觀天文。晦朔何以代明。寒暑何以錯行。察其時變。是
欲以人合天也。俯觀人文。導之以禮樂。教之以詩書。化成天下。是欲以人治人

也是聖人用賁之道也。

以此卦擬人事。賁緣飾也。質先而文後凡事之有待致飾者皆後起也。此即繪

事後素之說也。以之言禮玉帛其飾也。以之言樂鐘鼓其飾也。以之言宮室。輪

奐其飾也。以之言衣服章采其飾也。是文飾必附質而著。如帛之受采。玉之受

琢。有實而加飾。飾之足以增其美也。此卦山得火而煥彩。譬如在人心光透發。

面目生輝。內行修明聲聞卓著。德潤而體胖。實至而名歸。即賁之象也。就六爻

言之。初爻賁趾以處義爲賁。賁得其正。二爻賁須以與上爲賁。賁得其時。三爻

賁如濡如。賁而永貞賁得其吉。四爻賁如皤如。賁而當位。賁終无尤五爻賁於

邱園以敦本務實爲賁賁終有喜。上爻白賁无咎以黜美返樸爲賁賁乃得志。

此六爻之義。所以治全體之賁也。而人事之飾僞而亂直真美而誣實者皆當

返而自省矣。

以此卦擬國家。上卦爲山安止不動。如聖躬之德性鎭定也。下卦爲火輝光遠

耀如朝廷之政教煥布也。內崇德性外敷政教有本有文剛柔並用是賁之善

者也。推之舞干羽而格頑民。是柔來而文剛。杖斧鉞以安天下。是剛上而文柔。

審時定曆以法天文也。制禮作樂以昭人文也。德禮以行政。政乃善。忠信以折

獄。獄乃平。象曰君子以明庶政。无敢折獄。即此旨焉。六爻言賁各有次第。義深

旨遠。初剛在下。故曰賁趾。是守道无位之賢人也。二爻柔來文剛。隨剛而動。如

須隨頤而動。故曰賁須。是待時而動之君子也。三爻當賁之盛。故曰賁如濡如。

是治賁而能守其貞者也。四爻則由離入民賁道變矣。故曰賁如皤如是不隨

俗波靡爲能黜華而崇實也。五爻則爲主賁之君。忘殿陛之華守邱園之素。故

曰賁於邱園所以厚民生而敦風俗者。道在是焉。上爻爲賁之極。物極必返。故

曰白賁。雜卦曰賁无色也。到治而期於無刑。盛德而極於無爲。此治道之原也。

如是而事濟矣。如是而化成矣。

（附記觀乎天文以察時變一則

明治十八年一月。余浴於熱海。一夕有大星見於月右。時飯田巽氏先見。呼

余出視。余一見如有所悟不言而入鄰席有自由新聞社員藤井新藏者謂

飯田氏曰高島氏一見而入必有所解君請往探之飯田氏乃過余室卽其

故余曰難言也氏問之再三余曰數日內當有一大臣瀕死者也氏曰子何

以知其然乎余曰此所以為難言也余歷徵多年實驗乃知星之示變也子

若不信請觀後日未幾三日報有栖川宮殿下薨氏復曰子言果中矣吾終

不知其然也請幸教我余曰易不曰乎觀乎天文以察時變此之謂也

通觀此卦內離外艮離文明也卦德由內達外以文明為主故名卦曰賁取賁

飾之象也象傳所言柔文剛剛文柔觀天文觀人文皆以文致飾亦以文得亨

是賁之象由離而來得艮而濟此全卦之體也象傳不曰火在山下而曰山下

有火是隱然有以山止火之象以明庶政明也无敢折獄止也亦見文不過質

之意六爻言賁內三爻離本卦初二兩爻賁猶微惟三爻賁為盛下三爻自離

入艮其言賁皆黜華崇實是救賁之偏而反其本也故四雖疑而无尤五雖吝

而終吉六无咎而得志將使之自文還質無偏勝之患斯為賁道之大成也全

卦之義如此。

增補高島易斷

大象曰。山下有火賁君子以明庶政无敢折獄。

艮山之下有離火民。一陽高出二陰之上。陽塞於外而不通。故止。離二陽之

含一陰。是內虛而含明。故明君子法之以明庶政。庶政者。或兼教養。或兼兵食。

洪範所謂八政皆是也。暗則察明則治。取之離而政教明矣。明以致察過察則

失嚴。故於折獄則曰无敢无敢者。謂不敢自用其明也。虛明之心存於中。而慈

祥之政行於外。明其所當明。而不敢過用其明。取之於民。明于是乎止焉豐曰。

致刑以明而動賁曰无敢以明而止不動則民不畏法不止則民不聊生有相

濟而行也。

（占）問時運。目下正當發動。百事順適。但上有阻止。未能遂意徑行。○問商業。主

經理人才幹強明足以任事。但精明者必刻利還宜留意。○問家宅恐宅中時

有火光發動幸即撲滅無大害也。○問戰征。前面有山未易進攻。○問疾病是

欝火上蒸之症。宜息火猶不可過用寒劑致真火撲滅○問行人欲歸又止倘

初九。賁其趾。舍車而徒。

象傳曰。舍車而徒。義不乘也。

未定也。○問六甲生女。

初剛在下。故曰賁其趾。徒徒行也。古者從大夫之後。不可徒行。初无位。故舍車而徒。賁趾者。是踐仁履義以仁義賁其趾者也。不以乘車為賁。而以徒行為賁乘車者。世之所賁君子所耻。是以舍之。象傳曰義不乘也。喜初之能守義也。

（占）問時運。生命清高。不合時趨以德亨。不以名亨。○問商業。必是肩負買賣非舟車販運之業。雖小亦亨。○問家宅。是勤儉起家。頗有知足不辱之風。○問戰征陸軍利。○問行人中途遇阻步行而歸。○問疾病症在初起。不食藥而可愈也。○問訟事恐有懲役之災。○問失物已舍去之。尋覓徒勞。

（占例）明治十九年占某貴顯氣運。筮得賁之艮。

爻辭曰初九。賁其趾。舍車而徒。

斷曰。此卦上艮下離。所謂高山仰止者某貴顯之德望也。所謂離明遍照者某

貴顯之功業也。是當今所共知者也。現時退位間居。今占得賁初九曰賁其趾。

舍車而徒爻象正合。初爻為无位陽剛在下。賁有文也。趾足也。從此有退歸之

象舍車猶舍位而隱也。徒行也。將復起也。舍車徒行是某貴顯潛行民間覘

察民情風俗以益光文明之治。補維新以來所未脩。是某貴顯之隱衷也。爻象

以明示之。在某貴顯為維新元勳雖暫退間其心豈一日忘天下哉。茲值初爻。

賁猶未光。至三而賁盛至六猶能反其賁以協於中。賁之運正長。知某貴顯後

日必德望愈隆。功業愈大也。象所謂觀乎天文以察時變。觀乎人文以化成天

下。皆可於某貴顯見之。

後果如此占今輔佐朝政。望同山斗。遇際明良。是賁之所以為賁也。

六二。賁其須。

象傳曰。賁其須與上興也。

二以柔居柔其爻自噬嗑六五柔來。變爲六二。即彖傳所謂柔來文剛也噬嗑

取象於頤。此爻曰須隨頤而動。故註曰須之爲物上附者也。柔來文剛文剛

者。賁也。故曰賁其須須眉爲人生之儀表所謂嚴其瞻視者此也。象傳曰與上

與也。上謂上卦噬嗑與動也噬嗑內卦爲震震爲動須附上爻自噬嗑來故曰

與上與也。

(占)問時運。目下平平只可依人成事。○問商業。與富商合業。必大與旺。吉。○問

戰征必須與大軍同進方可得勝○問家宅。叩上人之福澤藉以光大門楣○

問婚嫁。歸妹以須尙宜待也。○問六甲生女。

(占例)明治十四年四月占國會方今我國與論咸願開設國會羣議紛紛。未可

臆斷。特占一卦。得賁之大畜。

斷曰。此卦自二至上爲五年。其間不見凶咎。賁下卦爲剝剝之上。即第六年。其

凶尤甚。今審度避凶趨吉之方。須就變卦大畜探索爲之先說賁終剝來之凶

象復述變卦大畜之卦義。

彖辭曰賁亨。小利有攸往。賁者文飾也。凡事飾於外者。必由其內有缺乏也。今

當開設國會各府縣推舉代議士。才力學識未必完全。多皆徒施外飾而已。彖

傳曰柔來而文剛。剛上而文柔。謂上卦之柔來賁下卦之剛。下卦之剛上賁上

卦之柔。上下各以剛柔互相賁飾。此彖義也。今擬之國會。上卦為官吏下卦為

代議士。各以論說相抵抗者也。曰賁亨。知國會之事無不亨通曰小利有攸往。

知國會雖可進行。未免有所退止也。曰觀乎天文以察時變謂當察時機之會。

審宇內之勢。以維持國體於不朽也。曰觀乎人文以化成天下。謂應民心之歸。

向文運之昌明。開設國會上下合志。可以計畫國家之安寧。此就彖義而釋之

如是進推六爻初爻賁其趾舍車而徒初爻在下。是无位也。謂微賤下民亦將

持杖徒行。奔走而來觀德化也。二爻賁其須象傳曰賁其須與上興也。二雖進

初一等其人不能自主隨人之議論。以為議論。如須之隨頤而動也。三爻賁如

濡如。永貞吉象傳釋之曰永貞之吉終莫之陵也。三居下卦之上。近比四爻賁

如濡如。賁之盛也。三以陽居陽卦中為主賁。會中為主議。持論不易。能守永貞。

故吉象謂終莫之陵言無與相抗也四爻賁如皤如白馬翰如匪寇婚媾此爻
爲政府地位與三接近賁如皤如者謂官吏示以從前政府施行之事狀白馬
翰如者謂聽者解得政府之實情匪寇婚媾者謂感官吏之勤勞相與輔翼而
贊成之也五爻賁于丘園束帛戔戔謂議士中有知邱園之賢士推荐於朝當
具束帛以招之使之出而共議國是故終吉上爻白賁无咎乃退位老臣謂創
興國會未免近於粉飾終宜黜華崇實是反本之道也從此節財省費得謀裕
國之策也賁之終剝之始也更論剝卦之義剝象傳曰剝剝也柔變剛也不利
有攸往小人長也柔變剛者是小人道長之時也故曰不利有攸往戒辭也初
爻曰剝牀以足蔑貞凶陰之剝陽自下而上邪害正也謂有武人惡人民之漸
進逼上欲壓滅其黨類二爻曰剝牀以辨蔑貞凶辨者牀幹也指黨類之
長初爻既滅黨類今又欲殄滅其長之象三爻曰剝之无咎其黨類爲時勢所
激忽起變志不復顧忌名分是最不祥之占也四爻曰剝牀以膚凶有衆陰逼
上之勢漸逼漸近其凶更甚五爻曰貫魚以宮人寵无不利謂剝之皆凶順之

則利有一時委曲保全之象。上爻曰。碩果不食。君子得輿。小人剝廬。謂雖當剝

極必有碩果之僅存者。君子處之。謂終得愛戴。小人處之。謂無所容身。是小人

欲剝君子。自己亦罹其災之謂也。以上自賁移剝之卦象也。賁爲文明而止之

卦。方今人情。徒慕歐英文化。不察時勢之可否。難免剝落之災。如剝卦所述。故

君子必貴思患而預防也。今占得賁之大畜。再釋大畜之義以示占者。大畜象

傳曰。大畜剛健篤實輝光。日新其德。剛上而尚賢能止健。大正也。不家食吉。養

賢也。利涉大川。應乎天也。大畜者。畜之大者也。專在尚賓養賢以爲國家用足

以補戴大平也。初爻曰。有屬利己。象傳曰。有屬利己。不犯災也。初以四爲正應。

欲進而四畜之。即爲艮所抑。有不能達志之象。二爻曰。輿說輹。象傳曰。輿說輹。

中无尤也。二爻見初三兩爻之止。有同願屈抑之象。三爻曰。良馬逐。利艱貞。曰

閑輿衛。利有攸往。象傳曰。利有攸往。上合志也。三爻以剛健之才。欲銳進而從

事者也。爲四畜之使不得進。遂變其志向。謀開墾牧畜等事曰。良馬逐。曰利艱

貞。皆開拓牧畜之象。又曰。閑輿衛。曰利有攸往。並習練軍事之象。如是有益政

府。故謂之上合志也。四爻曰童牛之牿元吉。象傳曰為六四元吉。有喜也。此爻為
縣官地位。縣官能使無產士族。從事牧畜開墾等事。猶牧童牛。易畜易制之謂
也。五爻曰豶豕之牙吉。象傳曰六五之吉。有慶也。此爻亦與六四同。上九曰何
天之衢亨。象傳曰何天之衢道大行也。謂全國士民各得其所。天下泰平之象
也。

以上國會之占斷如此。至翌年七月。政府頒示實施政令三條。一發布明治二
十三年開設國會之令。一為救濟無貲士族。與以八十萬圓之授產金。一政府
銳意開造鐵路。計畫中山道及奧羽之布設。與以年八朱之利息保護。皆呈象
於大畜之爻義。得時勢之宜者也。易象之靈妙如此。

九三。賁如濡如。永貞吉。

象傳曰。永貞之吉。終莫之凌也。

三以一剛介二陰之間。當賁之盛。賁如濡如潤澤之象。顧陰能賁人。亦能溺人。

戒之以永貞。在我有常貞之操。斯彼无凌逼之嫌。故曰吉。象傳曰。永貞之吉。終

莫之凌也。終字與永字相應。蓋貞而不永則非有終者也。謂我剛正而永貞。彼

自不能凌侮也。

(占)問時運當此盛運。光華潤澤。名利雙利大亨。○問商業。財源如水。大得清潤。

基業亦可保長久大吉。○問家宅。屋宇華潔。又得流水掩映。可以久居吉。○問

戰征。一軍皆感被德澤。歡洽同心。可稱王師無敵。○問訟事得直。彼亦不敢復

犯。○問婚嫁。百年偕老吉。○問六甲。生男。○問行人。衣錦榮耀而歸。○問失物。

向水中尋之得。

(占例)友人某來。請占運氣。筮得賁之頤。

爻辭曰。九三。賁如濡如。永貞吉。

斷曰。此卦一陽居二陰之中。如物入水中。沾濡潤澤。光彩益章。故曰賁如濡如。

賁之盛也。然賁飾過甚。外耀有餘。往往內美不足。是賁之流弊也。今我國自維

新以來。仕途一變。每多有自炫才華以冀仕進。飾智驚愚。互相標榜。大都如斯。

迨一旦得位。毫無寸能。此輩純盜虛聲者。固可暫而不可永貞也。吉何有焉足

下有意當世宜踐實德。毋博虛名持之以貞守之以永終得吉也。象傳曰終莫

之陵謂賁非虛賁人復誰能相抗也足下其留意焉。

六四賁如皤如。白馬翰如。匪寇婚媾。

象傳曰六四。當位疑也匪寇婚媾。終无尤也。

四在上卦之下。賁已過中。皤素白色也。翰白色馬也。卦體三四五省震震爲白

馬故取白馬之象震六上曰婚媾故亦有婚媾之象四與初爲正應爲三所隔。

不獲相賁故曰皤如白馬翰如。亦未獲其賁也。然九三剛正非。非寇乃求婚媾耳。

四與初正應。必相親賁不能終隔也。象傳曰當位疑四疑二也曰終无尤謂初

四正應。終必相合。故云終无尤也。

（占）問時運。目下運有阻碍安分則吉明年便可亨通。○問商業宜迅疾販售運

緩防貨物變色。○問家宅。一宅之內。既有喪事又逢婚事前塞後通无咎。○問

戰征。有和親通好之議。○問疾病中胸有阻故上下不調。積阻消化便无咎也。

○問行人有愛女眷戀一時未歸○問六甲生女。

(占例)有人來。請占某縉紳氣運筮得賁之離。

爻辭曰六四。賁如皤如白馬翰如匪寇婚媾。

斷曰四以陰居陰與初爲正應爲中間三爻所隔不獲相賁相親象傳曰當位疑也。今占得四爻知某縉紳在局或亦因中有間阻致生疑慮之處。然其中乘馬翰如而來者實欲相與親密並無他意。四爻初則疑之爲寇爲將擾奪我利也至後漸知其眞疑念始解。故曰匪寇婚媾。當時某縉紳却有是事。初疑後解。

兩情甚洽果如此占。

六五。賁于丘園束帛戔戔吝終吉。

象傳曰六五之吉有喜也。

丘園者園之依丘陵者艮有丘之象。賁于丘園者謂留意於農桑之事。束帛者。

贈人之物。戔戔者淺少之意。不賁市朝而賁丘園。敦本也。束帛戔戔尙實也。五

以柔居尊位。能修柔中之德。黜袪奢華。敦崇儉約。如大禹之卑宮室菲飲食。是

也。故曰賁于丘園。束帛戔戔。吝謂居尊位。而留心鄙事。未免吝也。然不失黜華

崇實之旨。故曰終吉。象傳曰有喜也。有喜者謂實有可喜也。何者天下之俗成

于儉。敗于奢。一人唱之。世風可反於淳樸。則所喜非在一人喜其能移風易俗

也。

一說。丘園爲隱士所居。六五能以束帛聘求丘園之遺賢。共輔文明之治。聘賢

僅以戔戔束帛禮意未隆。故曰吝。在賢者不以幣帛爲悅。而以恭敬爲悅。是以

幣帛雖微。聘賢者亦應聘而來。故終有吉也。亦通。

(占)問時運。目下恰行正運。然作事一宜儉勤爲吉。○問商業。賣買最宜木材綢

物二行貨物不必多。而獲利頗佳。○問家宅。農桑爲業。勤儉家風吉。○問戰征。

宜招用野老以作鄉導。可以得勝。○問婚嫁。聘禮雖微。却好得一賢婦。大喜。○

問六甲。生男。

（占例）友人來。請占氣運筮。得賁之家人。

爻辭曰。六五。賁于丘園。束帛戔戔吝終吉。

斷曰。此爻爲五居尊位。崇尚儉德。將率天下而從儉也。故不賁宮殿。而賁邱園。束帛之禮以誠相將。不尙豐厚。今占得此爻。知足下自幼從事商業。一番辛勤。得有今日貲產豐裕。亦足自樂。近來商業多習歐美之風。全以欺詐爲術。華麗自誇。反以曩時樸素敦厚爲可吝也。在吾輩敦尙古風者不屑與之較也。足下或以吾輩不事世事爲吝。然以此而娛老以此而傳後。終得吉也。謂之賁于丘園。束帛戔戔吝終吉也。

唯當安間。覓一山林佳處。修築園榭栽植花木以娛心目爲作養老之計也。人友人從此占。亦足自樂。

上九。白賁。无咎。

象傳曰。白賁。无咎。上得志也。

上處賁之終。終極不變。弊將胡底。故賁之義。始因天下之質飾之以文。終反天
下之文。歸之於質白賁者。素朴自然是無色也。如寶玉不彫。珍珠不飾不使文
掩其質。白賁之謂也。象傳曰上得志也。居卦之上。處事之外。矯世俗之文飾而
敦尚樸素獨行其志優游自得耳。

凡卦如泰與否剝與復渙與萃等。皆有對偶唯賁無對獨於卦中分賁與不
賁兩義爲對是讀易之訣也。中孚一卦亦然。

（占）問時運。好運已終。勞者宜歸於逸動者宜返於靜優游自適聊以取樂耳。○
問商業現在貨價已高時令將完不必裝飾。即可出售定得利也。○問家宅淸
白家風位置亦高吉。○問戰征。身當上將堂堂之陣正正之旗。不用譎計奇謀。
自然獲勝。吉。○問疾病。病在上焦宜用淸淡之劑吉。○問行人得利歸來。○問
六甲。生男。○問失物。向高處尋覓可得。

（占例）維新之際浦賀官署吏員下村三郎左衛門舊佐賀藩之士也罹病日久。
來橫就醫醫曰病似輕而實重。非滯留受治。恐至危殆下村氏告於長官許以

留醫。下村氏不以病爲慮。強還任地長官謂余曰。下村氏之疾如何子試筮之。

筮得賁之明夷。

爻辭曰。上九。白賁无咎。

斷曰下村氏必死長官曰醫亦視爲重症。但子何以豫言其死也。余曰。賁者上

山下火。今山變而爲地。是離明没於坤地之象。上九陽變而爲陰。陽者生也。陰

者死也。即生變爲死之象又上九之爻辭曰。白賁。白者喪服也。其死不免矣。

後未一月。果接其訃音。

䷖ 山地剝

剝 不利有攸往。

剝字从刀。彔聲。說文謂剝木也。歸藏則作朋。从兩刀。卦體上艮下坤。艮爲山。坤爲地。山附於地也。卦德五陰一陽。一陽居上五陰在下。所謂山者亦賣耳。陰盛陽微。有岌岌乎山崩爲地之象。象傳不曰山在地上。而曰山附於地。附寄也。已難保安止而不動矣。日削日剝勢所必至。故名此卦曰剝剝繼賁而來以賁之飾極反而爲剝離變爲坤。火化爲土。土曠山微所始培壞剝之易易是小人衆而君子孤也。對卦爲夬夫五陽盛長決去一陰。故曰利有攸往剝五陰盛長剝落一陽。故曰不利有攸往。

象傳曰。剝剝也。柔變剛也。不利有攸往。小人長也。順而止之。觀象也。君子尚消息盈虛。天行也。

彖傳曰剝剝也序卦傳曰剝者盡也雜卦傳曰剝爛也或又爲脫爲落爲剝爲裂爲擊悉取是剝消之義剝爲陰陽消長十二卦之一乾之時一陰始生于下爲始爲遘陰柔益長陽剛漸消柔變爲剛至此僅存上之一陽已今一陽又將消盡故名曰剝陽爲君子陰爲小人五陰滅一陽是小人道長君子道消故曰不利有攸往小人長也卦體坤爲順艮爲止君子觀此象宜體坤之順法艮之止順以安分不與小人爭功此以待時不與小人競進消息盈虛天行方默持乎氣數以待一陽之來復也當此剝亂之會君子退居無位之地順其分止其身留作碩果轉移之機正賴有此君子也故夫之一陰盡而姤之一陰即生於下剝之一陽盡而復之一陽即生於下此即消息盈虛天行之循環也以此卦擬人事凡命運之通塞家道之盛衰以及富貴貧賤壽夭疾病皆存焉其實原不外夫陰陽消長陰陽二字在人則分邪正在心則判理欲在事則別公私邪人衆則正人孤欲心熾則理心亡私事興則公事敗家道因之衰命運因之塞危亦甚矣人當此時亦唯順而止任天行之自然若欲強而往之恐必

多不利焉。蓋剝之害。自下而來。漸剝漸近。初而剝牀之足。繼而牀之辨。終而剝
人之膚陽愈消陰愈長矣。雖有三之照應五之調護而碩果之存繋而無用失
廈將傾獨木支之巨舟將覆一索繋之少存也。雖曰人事豈非天命哉。家道之
衰而復盛命運之塞復通。皆仗此一陽以作轉機耳則保此一陽之孤存豈可
不慎哉。

以此卦擬國家。是古今國家治亂之所由來也。大亂之來不自亂始。至亂極而
禍不可力挽矣。正當亂極之時小人盈廷忠臣受戮志士殞亡以柔變剛剛陽
殆將剝盡矣。如夏之龍逢殷之比箕其精忠一往。而輒遭不測者自古以來類
皆如是。是所謂不利有攸往也。唯若微子之去殷太公之避紂我國菑右相之
遇貶。爲能順而止也。小則謂明哲之保身。大則謂待時而翊運剝之上九。所云
碩果不食者即指此翊運之君子也。在小人雖同惡相濟其間而無稍知名分。
顧惜忠良。如剝之六三能應上九剝之六五能制羣陰以其柔居陽位。因能抑
陰以扶陽是爲卦中一陽來復之機。即國家危而復安之兆也。天行循環其運

如斯。爲國家者。不幸而時當剝亂。寗可順止。毋爲攸往斯得矣。

通觀此卦。陰盛剝陽。九月之卦。蕭殺之氣。剝落萬物之象也。夫陰陽消長天行

也。治亂盛衰世運也。造化之理文勝必敝朝華之草夕而零落此剝所以次賁

也。夫禍起于微。悔生于終。強與之爭。終必致災。安而自守可保厥初此系辭所

云戒其攸往。勉其順止者即此理也。初爲禍之始。剝之漸也。二則較凶矣。三知

從正其勢自孤。四雖剝至于膚災切近矣。五居尊位獨能調劑群情招懷以恩。

女子小人。各安其分。使相率以從陽。不至進而剝止。上爻碩果之得以存者賴

有此耳善變者。轉禍爲福。不善變者。化吉爲凶是以剝則始凶。而終則不凶也」

大象曰。山附於地。剝。上以厚下安宅。

地之厚。足以載山。山之重。足以鎮地。地在下。故取廣厚。山在上。故取安鎮曰山

附於地。如物之寄附然。則山幾搖搖欲動。不得安止矣。上關人君也。山附於地。

猶云君附於民。則君亦危矣。君當此時所宜厚其下以保其宅之安止卦艮下

卦剝之漸自下起。故曰厚其下。下厚則上安。即所謂地厚而山安也。爻中曰

牀曰輿曰廬。多取宅中之物。象曰安宅從其類也。

（占）問時運。運不甚佳。宜安定自守。无咎。○問商業。須厚其資本聚積貨物附運

出洋必獲利也。商以剝人之財爲利故吉。○問家宅寄居之宅。可出貲買歸自

己之宅反不利。○問戰征防敵襲擊宜厚其兵力。○問疾病。魂不附體恐不吉。

○問行人附伴而行即可歸宅。○問六甲生女。始危後安。○問失物得則得矣。

恐有殘缺。

初六剝牀以足蔑貞凶。

象傳曰剝牀以足。以滅下也。

牀者。人所坐臥也。此卦上實下虛牀亦上實下虛。故取其象。陰之剝陽。自下而

上。初在下。象牀之足。故先剝以足。牀有足而立剝足則傾矣。傾則凶蔑滅也貞

正也。陰之剝陽。即邪之滅正。是小人之害君子也。故曰蔑貞凶。象傳曰以滅下

也。以牀言足在下。以爻言。初亦在下。故曰滅下也。是剝之始也。一說貞即槙程

傳辨謂幹則以貞爲槙。幹爲牀之兩邊。槙爲牀之兩端。可備一解。俞氏以剝牀

以足蔑爲句。謂固執而不亂變則凶。是又一解也。

(占)問時運。目下運當剝削。防有足疾。○問商業。堆積貨件。防底足朽爛。或載運

出洋。船底受水被壞。○問家宅。防柱礎門限有損。將傾。○問戰征。防敵攻地道。

○問行人。有足疾。不能歸也。○問疾病。是足少陰之症。正不勝邪凶。

(占例)相識某商來請占運氣。筮得剝之頤。

爻辭曰。初六剝牀以足蔑貞凶。

斷曰。剝自下剝上。剝牀以足。是下滅上。有奴僕滅主之象。今占得初爻。知足下

用人不當。防下有不安本分。逞強而輕蔑主人者。爻象如是。足下宜注意焉。

其人謝而歸。後聞知渠家雇人不下數十輩。因多不得力。主人擬減其給。下人

各懷不平。結黨而掠主家之財。致主家被困。悉與爻象相符。

六二。剝牀以辨蔑貞凶。

象傳曰。剝牀以辨。未有與也。

辨程注謂牀之幹也。是牀足之上。牀身之下。分辨處也。初剝足。二剝辨。陰漸而進也。剝至於辨。牀愈危矣。邪盛蔑正。凶與初同。象傳曰。未有與也者。指上九言謂二與初同惡相濟謀剝上九。上九孤陽在上。未有應與。象蓋爲上九危也。

（占）問時運。如去年來逐漸低下。被人剝削。不能辨白。凶。○問家宅辨亦通變言家宅速宜變遷方得避凶。○問漸剝落。不能獲利也。凶。○問家宅辨亦通變言家宅速宜變遷方得避凶。○問行人辨裝即歸。○問戰征未有應接之軍不可動也。動則凶。○問疾病病已著牀。未有良醫。防不治也。凶。○問六甲生女難育。○問失物未能復有。

（占例）有一紳士來。請占運氣。筮得剝之蒙。

爻辭曰。六二。剝牀以辨。蔑貞凶。

斷曰。此卦五陰剝一陽。故曰剝。二以陰居陽。本與五相應。欲同剝上爻。五爻以柔居陽。且與上比。不復剝上。二將並以剝五。辨爲牀之幹。幹牀兩邊也。故見二有兩邊並剝之心。是不顧義理。只知剝人利己者也。然如此以剝難免凶矣。故象傳曰。未有與也。言此等人必無好相與也。

紳士聽之。如有所感而去後聞其人貸親族巨萬金。不思感謝反欲滅沒親族。

是最不義也。易理能隱抉其奸。靈顯可畏。

六三。剝之无咎。

象傳曰。剝之无咎。失上下也。

上以陰居陽。與上相應。其類屬陰。故其心在助陽。當羣陰剝陽之時。爲三獨應

剛。是以小人而保全君子者也。許以无咎。不沒其善也。象傳曰。失上下也。謂其

處上下諸陰之間。獨能去黨而從正。是失其黨也。故曰失上下也。

(占)問時運。運雖不正。能反其所爲。可以免咎。○問商業。同幫皆望高價。己獨潛

行脫售。雖失同幫之意。而獨得利。○問家宅。去其椽瓦平其基地。剝落改造。无

咎。○問戰征。是軍中最有計謀者也。雖不與諸軍約會獨自進攻。可得勝也。无

咎。○問疾病。宜消導攻伐之劑服之得愈。

（占例）明治十七年冬。橫濱洋銀商某來。請占運氣。筮得剝之艮。

爻辭曰。六三剝之无咎。

斷曰剝者山崩爲地之卦。故曰剝五陰漸長將剝滅一陽。剝者奪也創也。今占

得三爻。三爻陰居陽位。與上一陽相應。是雖與羣陰同黨。獨不與羣陰同志。故

无咎。猶是同此賣買。而能獨出心裁人棄我取。當必獲大利。就剝之一卦言。謂

山變爲地。可見今時價高如山。易一時有低落如地之象。占者宜留意焉。

後某來謝曰。今回爲朝鮮事洋銀騰貴。余信易占所云就高價賣之。一時間得

數拾萬圓。易占高妙不可測度。如此感服感服。

六四。剝牀以膚凶。

象傳曰。剝牀以膚切近災也。

剝之災萌於初爻。至四爻漸逼漸近。四以陰居陰。與二同惡相濟。在初二居內

卦卦分內外牀隔上下。距上爻遠所剝僅在足與辨。四爻與上同卦意近則剝

愈甚。故直及於膚就爻次第觀之。初為牀足。二為牀辨。三爻四爻則為

牀上之人身艮為指為喙有人身之象。故曰剝牀以膚凶象傳曰切近災也剝

及於膚災及其身矣故曰切近災也深為一陽危焉剝者小人剝君子宜為君

子凶矣初二四三爻不曰君子凶而第渾言曰凶知剝之害國破家亡君子固

凶而小人亦難免於凶也故統象之曰凶意微哉一說以膚作簀簀牀版也足

備一解。

(占)問時運運大不佳有身體受傷之懼○問商業恐剝耗過甚又防意外之禍

○問家宅此宅必破敗不堪居人亦寥落致防傾塌○問戰征恐主將有災。○

問疾病凶。○問六甲生女產婦亦可危。

(占例)富商某來。請占運氣筮得剝之晉。

爻辭曰六四剝牀以膚凶。

斷曰剝之為災由遠及近當其為災小猶可避也及至切近雖避難免。

今占得四爻四與上同卦災已切近日剝牀以膚則剝及肌膚矣推其災所來

知必足下同居中。且爲切近相待之人。或祭祖祈神期可免災然恐亦難保矣。

並宜速作避居之計。又云占象既凶。並須參觀容貌。如印堂有黑赤氣或天庭

有細赤筋現。必難免禍。今足下幸血色得宜。不露災形。避地或可免也。

某氏聽之大驚。遂避居相州湯本。不料某夥友以販米赴北國。在大阪賭買米

市。大遭耗剝此夥友平素誠實爲某所親近。故以數萬金委托之。未嘗疑也。今

遭此大耗夥友忽復生奸計瞞著主人隱蔽資財拵以一死唯主人自命向親

族朋友徧謝其罪事出無奈。亦不復究問易占之垂示昭彰可不愼哉。

六五。貫魚。以宮人寵。无不利。

象傳曰。以宮人寵。終无尤也。

五爲尊位以陰居陽。與上比近。知羣陰上逼。一陽已危。無可再剝陰存護陽之

計以陽制陰。陰衆陽孤。必不受制不如率陰以從陽也。曰魚。曰宮人皆陰象曰

貫魚。猶言率衆陰而成貫也。曰宮人寵。是以宮人而受一陽之寵也。一陽既得

増補高島易斷

剝衆陰亦得剝凶故曰貫魚以宮人寵无不利象傳曰終无尤也六五爲羣

陰之首能牽羣肖而懾服於君子碩果之得保存者五爻之力也故曰終无尤

也剝者衆陰皆欲剝陽惟三五陰而居陽能爲一陽委曲保護初以陽居陰只

知有剝剝之災實起於初蓋以初卑微下賤未見人之尤者也

(占)問時運。目下氣運。皇事事圓到。百无不利。○問商業可得滿貫滿萬之利。

北海海產生業尤佳。○問家宅。有婦女主家之象。○問戰征。須行離間敵軍之

計可獲勝也。○問疾病是陰虐之症須自珍愛尙可无尤。○問行人有外寵必

將携伴而歸。○問六甲。生女。

(占例)橫濱境町森鋌太郎氏者。爲英國外商書記明治十四年春腹內疼痛請

內外醫診察服藥無効疼痛益甚渠毋請余占之筮得剝之觀。

爻辭曰六五貫魚以宮人寵无不利。

象傳曰以宮人寵終无尤也。

斷曰剝者剝落至上爻則一陽將盡有精神消滅之象占得五爻速施治療尙

可出萬死而一生爻辭曰貫魚以宮人寵貫穿也。以鍼穿物也。謂宜用鍼刺其

穴也。余不通醫道。且於鍼治不知其適否。唯以易象言之而已。試以鍼治施之。

母氏曰。有東京鍼治家若宮氏與伊宅相近。可招治。余曰爻辭曰。以宮人寵。其

人適姓若宮。最妙。可速招之。其母歸即招若宮氏診察。若宮氏來。先撫患者支

體。並聞病狀如有所感。少間曰。是余所經驗之症。再遲恐不及治矣。即今鍼治。

二三時間腹中雷鳴。是平癒之兆屆時而腹不鳴。則術無所施。及鍼後果腹鳴。

苦悶忽減。不日平癒易之妙理可謂無微不著也。

余嘗語中村敬宇氏以此占。氏大賞讚之曰。以貫魚爻辭充鍼治。他人所不能

及。子之活斷。敬服敬服。又醫之姓適合若宮氏。可謂奇矣。易之精微如此。

○明治三十二年三月廿八日。占晴雨。

維新之後。余有見舊奉聖像安置於博覽會。此大不敬也。余乃就大綱山建設

聖廟。每年冬至日。占國家之事於此堂。三條相國來觀。蒙賜神易堂額。爾後每

年四月八日舉行祭典。是年恐值雨期為占一卦。以卜晴雨。筮得剝之觀。

爻辭曰。六五。貫魚以宮人寵。无不利。

象傳曰。以宮人寵終无尤也。

斷曰此卦全卦無水之象不雨可知也。五爻變則爲巽。但有風而已。且觀者祭祀之卦適合祭典。

至期果天氣快晴。午後三時有微風恐測天家無計証驗也。

凡晴雨之占。小畜之上爻變。必風止而爲雨其象辭曰密雲不雨。至此日既雨。

推爻理以卦面有水占雨以水變爲雨。雨止以內卦爲午前以外卦爲午後風亦同之。孔明赤壁之火攻亦此旨也。

上九。碩果不食。君子得輿。小人剝廬。

象傳曰。君子得輿。民所載也。小人剝廬。終不可用也。

艮爲果。果在樹上。故於上爻有碩果之象艮止也。故碩果不食輿。地也。地以載物得輿者得民之所承載也。盧屋也。用以庇人剝盧者。無所用其庇也。此爻一

陽在上。譬如碩果僅存。高出卦外非羣陰所得蝕食。故曰碩果不食。原其不食

之故以天道觀之。無衆陽消滅而羣陰獨存之義以人事觀之。無君子俱亡而

小人獨存之理。天地之間。豈可一日無善類乎剝當十月。正萬木搖落之時。大

果尙存木杪果中有仁足以復生。即剝未盡而陽復生之象。且剝極則亂亂極

則思治故衆心愛戴君子謂之君子得輿小人剝去君子。終自失其所庇故曰

小人剝廬。象傳曰君子得輿民所載也小人剝廬終不可用也君子德澤長流。

故民必載之。小人惡跡顯著故終不可用。此爻變則爲坤。是終不可用之象也」

（占）問時運。目下氣運衰微。一年後即值好運。○問商業賣出者尙得微利買入

者必多剝耗。○問家宅忠厚之家。尙有餘澤刻薄起家者。恐有牆屋傾圮之患。

○問戰征守者无咎攻者必敗。○問疾病有飲食不進之慮。○問六甲生男是

獨子也。

（占例）明治二十三年爲國家箧元老院得剝之坤。

爻辭曰上九碩果不食君子得輿小人剝廬。

斷曰。剝至上九。所剝將盡。存無幾矣。元老院其或廢乎。

時際國會之與。元老院議官。大抵即爲貴族院議員。或即爲樞密顧問官。其盡

心國事同也。元老院自可廢止。在元老院之廢。原可推知。而易象能前時明示。

故附記之。

地雷復

復从彳行貌。从复行故道也。有去而復來。消而復息之義所謂以坤牝乾減出

復震爲餘慶也。故名曰復。爲卦坤上震下。一陽在五陰之下。陰極而陽復。與剝

相反。與姤旁通。序卦曰物不可以終盡剝窮上反下。故受之以復。此復之所以

次剝也。

復亨出入无疾朋來无咎反復其道七日來復利有攸往。

復之內卦一畫自乾之下畫來。一陽即乾亨即從乾元來故曰亨內坤外震出

震入坤坤爲順震爲動以順而動陰不能傷故无疾同類爲朋震一陽兌二陽。

兌爲朋。一陽先至。朋類皆來陰不能阻。故无咎剝之卦。一陽在上而幾盡復則

一陽反生於下。故曰反復其道道路也。七日來復。姤五月卦。陰氣始生復十一

月陽氣始生。陰陽反復。凡歷七月。七陽數。故言曰此爲君子道長之機。故曰利
有攸往。

象傳曰。復亨剛反動而以順行是以出入无咎朋來
无咎反復其道七日來復天行也利有攸往剛長也。
復其見天地之心乎。

復亨。謂陽剛消極而來復。復則陽漸長而亨通矣。剛反者。謂剝之時。剛幾去而
不反。出於震而來復。震爲反生。故曰剛反動而順行。是出入皆在順動之中。故
无疾。自動者順朋來亦順。故朋來无咎。一反一復。其道循環。七日來復天行之
自然也。以順承天。則剛之方反者曰進而盛矣。故利往。剛反言方復之初。剛長
言既復之後。剝復消息。天地之氣所默轉。即天地之心所發端也。天地之心本
無所不在。無從窺測。惟生意發露之初。方見得天地之心。故曰復其見天地之
心乎。其乎語辭者。愈覺彷彿想見之眞。

以此卦擬人事是善惡絕續之一轉機也。人雖甚不善。而於平旦之際。未始無

片念之偶萌。萌即復也。復則動矣。逆而動動仍入惡。順而動出惡而入善矣。

無不亨也。疾於何有。朋以類聚入夫善則善朋皆來自無咎焉人身一小天也。

人有賢愚邪正即天有雨暘燠寒人有生老病死即天有休咎災祥七日來復。

以干支言至七則爲衝以建除言至七則爲破衝與破則皆爲動是以有反復

也。故人之疾病寒熱亦往往以七日爲一更此皆陰陽剛柔之轉移人與天無

二道也按六爻之辭初爻爲人遷善之始是以反身而誠也二爻見人之遷善。

欲同歸於復也三爻屢復屢失雖危而終復於善也四爻謂能舍羣陰而從初

陽。是取諸人以爲善者也。五爻以陰居陽獨得其中是能安土敦仁者也。上爻

居卦之終六幾於七。而又將變矣出復凶深足爲人之遷善者戒矣易言天道

其所以爲人事垂戒者。至深且切。於復可見天心。復時見天心不復時則渾是

人心矣。天心惟微。人心惟危。可不懼哉可不愼哉。

以此卦擬國家。是國家治亂之一轉機也。由治入亂陰之始也。出亂入治陽之

復也。古今來一治一亂其機莫不如是焉是故亂不自亂始。治不自治始機之
動也。甚微復之一陽即其陽之微動者也。其動也順則其道亨其往利如湯武
之順天應人撥亂反正。一著戎衣而天下平也。七日來復天行也。於格苗而日
七旬。於即戎而日七年。亦可於此而得七日之義矣。六爻皆指復言重在進陽
也。陽治治道也。即君子之道也。初爻曰不遠復。如殷武丁周宣王漢光武劉先主
是也。二爻曰休復。如太甲之復位成王之親政是也。三爻曰頻復。如漢
之治蜀雖屬偏安。尚無咎也。四爻曰獨復。如大舜之明揚側陋。允執厥中以從
堯而致治也。五爻曰敦復。如啟之承禹武之繼文。能敦復治道而致其盛也。若
上爻則當戒焉。迷復而不知其凶自桀紂之亡國者皆是也。易之言在天道而
治道即屬於是。為國家者於復而見治之漸即當於姤而戒亂之始。治亂之機
反復間耳可不慎哉可不懼哉。
通觀此卦剝之一陽在上者復即陽生於下。如雷藏地中。无中含有乾元資始
者。於是露其機。貞下起元坤元資生者。於是呈其候天地生物之心。非至是而

始有。乃至是而始見也。順而動。動无不亨。順而往。往无不利。出柔而入剛。剛有
何病。以我而求朋。朋來何咎。一反一復其道即在旬日間耳。六爻皆以復道爲
辭。初九之不遠復。如克己復禮之顏子賢。而希聖生而知之者也。六二之休復。
下比初九之剛。如友直諒多聞之士。親賢取友之宓子賤學而知之者也。六三
之頻復。如日月至焉之諸子士而希賢者也。六四之中行獨復。如悅周公孔子
之道之陳良亦聖人之徒也困而學之者也。六五之敦復。如反乎身之湯武聖
而希天者也。上九之迷復。則如飛廉惡來。怙終而不悛其惡者也。困而不學者
也。不唯爲一身之禍。且爲天下禍。故曰迷復凶有災眚終有大敗。聖人於六三
之頻復。猶曰无咎。而獨罪上六之迷復。如此。其重改過而惡怙終也切矣。係辭
傳曰。聖人之情見乎辭。其此之謂乎。

大象曰。雷在地中復。先王以至日閉關。商旅不行。后
不省方。

此卦爲十一月卦。故象取至日是雷伏藏地中也。先王觀此象以至日閉關而
不啓。止商旅而不行。后於是日亦不省方。蓋爲養其陽氣之方來而不敢或洩。
務爲安靜。所以葆其貞也。月令仲冬。審門閭謹房室。必重閉推之即可知閉關
之諸象焉。閉關取坤爲闔戶。商旅取坤爲衆民行。取震爲大塗方取坤爲國土」

（占）問時運。好運初來。尚未發動。靜以待之。自然獲吉。〇問商業貨物完備。時價
亦動。宜暫停售必得利也。〇問家宅。此宅現時閉歇。須待春時。方可遷居吉。〇
問戰征。防敵軍埋伏地雷。須暫停戰。以養兵力吉。〇問疾病。是痰火之症。飮食
不進。交冬令宜防。〇問訟事。一時不能審結。〇問六甲。生男。交春分產。〇問婚
嫁。現因媒人尙未往說。春初可成吉。〇問行人。冬季不歸。開春歸來。〇問失物。
一時難覓日後可得。

初九。不遠復。无祗悔。元吉。

象傳曰。不遠之復。以修身也。

此卦初九一陽。自乾陽來。入坤群陰中。忽復本位。名之曰復。卦之復就造化言。

爻之復就人心言。是也。此爻復之初爲復道之始。七日即復。故曰不遠。是以不

至悔而得元吉也。元吉者即復乾之吉也。祗者至也。人雖聖賢不能無過。唯貴

速改過而不改則有悔而凶可知也。象傳曰修身也。修者所以補其缺正其誤

也。占者知此則人欲日消天理日明。可以爲聖可以爲賢修身二字包括深遠

不可不知也。何則六二之傳曰仁而稱美之。六四之傳曰道而贊歎之修身二

字兼仁與道其所關至大。心內而身外以存養言則在心以修爲言則在身。身

心一也。

（占）問時運好運即來。漸漸發動。一往順利大吉。○問商業。前所耗失。即可復得。

可免悔恨。大吉。○問家宅舊業復興。即在目前大吉。○問戰征即日可轉敗爲

成大吉。○問訟事。始審不直。再控必勝。大吉。○問婚嫁。主散而復成大吉。○問

行人不日即歸吉。○問疾病靜養即可復元吉。○問六甲即日生男。○問失物。

即日可得。

此他字恐
共研果不
食有回

（占例）余欲購驅車之馬。適遇兒玉少介君曰。余客歲求良馬於南部。後無音信。

遂別購一馬。頃日南部馬至。厥隣不容謂余買之。余乃占其良否。筮得復之坤。

爻辭曰。初九不遠復无祗悔元吉。

斷曰。此馬不適長途。朝出夕歸。得其宜耳。爻謂不遠復无祗悔元吉。可以見矣。

初爻變則爲坤。坤曰利牝馬之貞。知此馬必牝。無暴逸之虞者也。

後購得其馬果如此占性柔順最適駕車。

六二。休復吉。

象傳曰。休復之吉。以下仁也。

此爻以陰居陰。得其中正。與初九切比。志從於陽。嘉初之能復於道甘心下己。

以友其仁。切磋琢磨。惡念潛消善心日生。故曰休復吉。初爻得乾陽之正。開復

道之首。故曰元吉。六二取人爲善。自能從容改圖其功次於初矣。故曰吉。象傳

曰以下仁也。初復於仁二比而下之。是以吉也。易三百八十四爻。未嘗言仁。此

爻言之，所謂復其見天地之心者，天地之心即仁也，所謂仁元善之旨也。

(占)問時運，目下運氣亦好，事事能擇善而從，故事事得吉。○問商業，能與人共利，其業必興吉。○問家宅，家庭多休祥之徵，自能與復舊業，吉。○問戰征，一時暫休攻克，姑示其弱以養銳氣吉。○問疾病，宜初治之，醫復診視之，吉。○問行人，必從長輩而歸。○問六甲，生女。○問失物，就低下處尋之。

(占例)明治二十四年春，某裁判所長及檢事長，訪余山莊，請占某貴顯辭表後之舉止，筮得復之臨。

爻辭曰六二，休復，吉。

斷曰，雷者，春夏出于地上，秋冬潛於地中，此卦雷復地中，而將再出者也。故某貴顯今日雖優游間居，可知其復職不遠也。

兩君怪余斷之輕易，曰，易如此容易天下之事，悉可問之於易也。余曰，固然易之包蘊甚廣，天下之事物，無一不具，而其變化神妙，不可測度，是以無事無物，而不可占也，占之則過去現在未來，皆得明示，其應如響，即貴下於兩造之事。

多匿奸藏詐。掩非為是。誣真為假。不易剖決者。占之而奸計顯露所謂問諸人。

不如問諸神也。不然貴下等只據法律懲口辭。安能一一無枉乎古云卜以決

疑此之謂也。在某貴顯之辭職。世論嘖嘖。余一撲蓍神示之以地下有雷之象。

二爻之辭曰休復。知其一時休職。他日必復職也。明矣。象傳曰休復之吉以下

仁也。即此可知矣。

二人傾服而去。後某貴顯果復職。欽服余斷之不妄也。

六三。頻復。厲无咎。

象傳曰。頻復之厲。義无咎也。

三爻位不中正。志剛而質柔質柔則見善而不明。志剛則狂躁而妄動。故屢復

而屢失。是以有厲。亦屢失而屢復。終可无咎也。雖有失身虧行之懼。自無長傲

遂非之過。故曰頻復厲无咎。周公之繫辭隱其屢過之罪。稱其頻復之善。孔子

釋之曰義无咎也。是開人以改過遷善之門也。意深哉。

（占）問時運。一好一歹。時有得失。能据其得而不失。是在人也。○問商業有虧有

盈。能使盈多虧少。虧而復盈。亦可獲利。○問家宅。有遷移不定之象。○問疾病。

屢治屢發。雖危可保無害。○問訟事。有頻翻口供。轉致危屬之象。○問行人。歸

志未決。○問六甲。生男。頗涉難產。无害。○問失物。失非一次。當可尋得。

（占例）一商人來請占氣運。筮得復之明夷。

爻辭曰六三頻復厲无咎。

斷曰。復爲雷藏地中。陽氣來復之時。在人爲迷惑情慾。有悔悟復本之象。三爻

位不中正。辭曰頻復厲无咎。是謂屢興屢敗。勞而無功。其不至破產者。由於隨

時省悟隨失隨改。故无咎也。夫運之盛衰。天數不可免。在盛運時。如放舟於上

流。揚帆於順風。不勞而取功。當其衰運。如浮舟於逆風以溯上流。不特勞而無

功。其不被損傷者。殆稀占者。恐坐此弊。尤當注意運氣之盛衰也。至明後年運

氣乃可回復。

商人聞之感曰實如此占。從來屢遭失敗。今聞之。始悟其誤。謹守常業以待時

六四。中行獨復。

象傳曰中行獨復以從道也。

此爻居五陰駢列之中央獨應初爻之卦主。故能傑出群陰之間。依附仁人。是心知好善。不能移習俗。而能復道者也。故曰中行獨復所謂擇乎中庸得一善則拳拳服膺。而不失之者也。然其所復猶微故不曰吉象傳曰以從道也。謂初復于道。而四從之。故曰從道。

(占)問時運。氣運柔弱。意欲振興惜力不能逮。○問商業謀畫精當。不失其正。資本未充。爲可惜也。○問家宅女眷多男丁少。未免有獨妹寡歌之慨。○問戰征。防中道設伏。○問疾病虛弱之症。宜從初治之醫調治。○問行人至中路復回。得件再歸。○問婚嫁宜從前媒。○問失物半途覓之。

(占例)明治二十二年六月。友人某來曰。有人欲購余地。約以相當之價。領收約

定金若干。其先亦有人欲購此地。余未定約。今復過余。所約之價高于前購。於
是余將致償金於前約之人。請其解約。但不知彼果肯允諾否。請爲一筮。筮得
復之震。

斷曰。復者一陽來復之卦。有百事復舊之象。故得此卦。旅行無音信者突然還
家。貸金澁滯者。忽而歸復。放蕩游惰者能復其本心。皆復之象也。則知足下已
約之地。亦無阻障。必可復返也。

後果如此占。

爻辭曰。六四。中行獨復。

六五。敦復。无悔。

象傳曰。敦復。无悔。中以自考也。

五有柔中之德。尊居君位。位得中。故能復坤爲厚。故曰敦。自知其非。不憚遷善。
既能復之。又加以敦。是知之明。力之篤也。則一得而弗失之矣。何悔之有。故曰

此卦一曰修身
二曰仁三曰義
四曰正曰教
也。

陰若德也故
修身二貞[？]
賢修義道
德曰者

敦復无悔象傳曰中以自考也謂初之復復在近可免於悔五之復復於厚悔
之有無未知時當返而自考也蓋初之不遠復入德之事五之敦復成德之事
也。

（占）問時運目下氣運官正事事從厚有前功无後悔也。○問商業貲財充足往
復獲利。○問家宅祖基深厚舊業復光吉。○問戰征軍力厚實可以攻復城池
也。○問疾病病者精神充足氣體豐腴无患也。○問六甲生男。○問失物宜自
忖度。

（占例）某局長來請占氣運筮得復之屯。

爻辭曰六五。敦復无悔。

斷曰復者雷在地中之象動極復靜故謂之復今占得五爻言修身復道者復
之不已而又復之故曰敦復其復如是亦可謂躬自厚而薄責於人者矣此人
督率衆人衆心感服復何有悔時運可知矣。

上六。迷復凶有災眚用行師終有大敗以其國君凶。

至于十年。不克征。

象傳曰迷復之凶反君道也。

上爻居復之終坤之極坤爲迷故曰迷復迷而不復故必有凶有災眚災自外
來眚由自作迷溺至此無往非害坤爲衆震爲行故用行師坤上六所云龍戰
於野其血玄黃即行師大敗之證也行師既至大敗國君焉得不凶兵連禍結
至十年而未已十年者數之終一敗而終不能振即謂有迷而終不能復矣蓋
天之之禍無不由一念之迷溺而來迷在於身則一身被禍迷在於國則一國
被禍深著迷復之害也象傳曰反君道也復之君初九陽也姤之君初六陰也
上迷復不奉復之九而奉姤之六是陰陽相反也故曰反君道也。

（占）問時運運氣顛倒作事乖張宜謹愼免禍○問商業貨物不齊期約不准市價
不的必致大耗一時不能復業凶○問家宅防有怪祟居者多不利○問戰征。
轍亂旗靡大敗之象○問疾病症已危險久病延年猶爲幸也○問行人在外

多凶十年內恐不能歸也。○問六甲生女。此女長成。亦大敗之命。

（占例）明治二十年六月板垣退助君奉朝命自高知縣來朝廷賞賜爵位以酬

前功。氏固辭者再於是世人多評論之。或曰氏之決意辭賜。是板垣氏之所以

爲板垣氏。其廉退遜讓。非他人所能及。氏爲自由黨之首領。鼓舞衆人期伸張

自由之聲勢。一旦受爵榮。未免爲黨中竊笑乎。或曰爵位者朝廷之榮命氏固

辭不受。未免有違勅之譴也。余與板垣君有舊緣。是欲忠告之。往訪旅亭將命

者以病謝。余遂轉訪佐佐木高行伯。面謁曰。余每歲冬至齋戒沐浴敬占國事。

及諸當道命運茲占板垣君得地雷復上爻。

爻辭曰上六。迷復凶。有災眚用行師終有大敗。以其國君凶。至于十年不克征」

斷曰復者一陽來復之卦。積陰之下伏一陽以人事觀之。全使此一點微陽漸

漸生發。天下絕大事業。皆從此一陽中做出來。國家之由亂而治。人生去邪從

正悉賴焉。今占得上爻。辭曰迷復凶。是冥迷沈溺失其本然之明者也。乃至天

災人眚之並臻。辱君喪師而莫救危之至矣。禍莫大焉。爻辭凶惡如是。竊爲板

垣君慮之。昔板垣君秉政要路大有功烈今既辭職其所主張專在自由黨中。

人衆類雜薰蕕不齊他日激而生變亦不可測也爻辭之凶其或兆於此乎頃

又爲板垣君辭爵再卜一卦筮得困之大過。

爻辭曰。九二困于酒食。朱紱方來利用享祀征凶无咎。

此卦四五之陽。爲三上兩陰所蔽二之陽亦爲初三兩陰所蔽不能通志是以

成困困于酒食者見板垣氏現時之困難也。朱紱方來者謂榮命之下來也利

用享祀者謂拜受爵位而祝告於神也。征凶者謂逆朝命而有凶也。拜命則平

穩無事。故无咎也。

此占詳明板垣君之宜敬拜受命也。愼勿復辭焉板垣君爲閣下舊友。請以余

之占辭轉爲奉告。佐佐木伯曰。子言眞切。余亦感銘必當告之子須再訪後藤

象次郎。告以此占。余亦與後藤氏謀必可使板垣君拜命也。於是余又謁後藤

伯告之如前且致佐佐木伯之意。後藤伯感謝曰。奇哉子之易占古今未聞其

比也。板垣氏之事。余與佐佐木氏謀必可盡力請子勿慮。後果聞板垣君拜受

爵命。余始心慰。

增補高島易斷

䷘ 天雷无妄

无妄誠也。是即中庸至誠無息之謂也。序卦曰復則不妄矣。故受之以无妄。蓋

无妄之誠天之道也。復而无妄。此爲誠之者。人之道也。爲卦乾上震下乾健也。

震動也。健而動動合夫天也。合乎天即誠也。古聖經傳皆言誠。无妄二字獨見

於易。朱子解中庸誠字謂即眞實无妄。而解易无妄謂即實理自然要之理之

出于自然者天也。天即誠也。誠即无妄也。其旨一也。

无妄。元亨利貞。其匪正有眚。不利有攸往。

元亨利貞。是謂四德。惟乾全具。餘卦曰元亨利貞者。皆從乾來也。元亨利貞統

言之。一正而已。正則无妄。故曰无妄。元亨利貞。此乃自然之實理。受之於天。

不容間以一毫私意。間以私意即匪正矣。匪正則妄。妄必多過。故有眚也。既已

无妄。不宜妄有所往。故曰不利有所往。

象傳曰。无妄剛自外來。而爲主於內動而健剛中而

應。大亨以正。天之命也。其匪正有眚不利有攸往无

妄之往何之矣。天命不祐行矣哉。

此卦內震外乾剛乾剛也。自外而來。爲主於內无妄以初九爲卦主震初九剛

從乾來。故曰剛自外來就內外卦而言也。動在下。健在上動而健是動之得其

健也。剛中而應。謂二五也。九五陽剛中正即无妄之天六二復以居中得正應

之。是應之得其正也。凡象言大亨即元亨以正即利貞乾之四德天之命也。天

之所命者。誠也正也。即无妄也。命得於天天必祐之攸往咸宜吉无不利矣其

匪正則是自背夫天之命也。天必不能保之行將何往更有所往往即入於妄

矣妄則逆天逆天者天不佑亦安見其可行哉程傳釋匪正二字謂雖无邪心。

苟不合正理則妄知匪正與不正迥乎各別正與匪正其辨甚微其字指三上

言三之災。上之眚其失甚細匪正二字正當體認。

以此卦而擬人事。蓋此无妄之誠。與生俱來。渾然無私。即所謂天命之性也。卦
自復來。復秉乾陽一畫。以為天地之心。天地之心。即无妄之眞元也。元亨利貞。
四者即此一心。自古聖人。必如堯舜之執中。湯之用中。孔子之時中。斯可謂大
亨以正。渾全天命者也。下如顏子之已而待克禮而待復。猶藉人為其於无妄。
尚未達一間耳。此外不必顯背夫理。即於理稍有所偏。如動而過動健而過健。
剛而過剛往失其正。即此有眚天不我佑往必无可往焉至此而人事窮矣。
體內震外乾震動也。蓋教人以動合天動以天則為无妄動以人則妄矣易之
垂戒著明。六爻之辭皆取任乎天者也。違即有眚。初爻備卦德之全行无不吉。
志無不遂也。二爻循當然之理利本不計往亦无心也。四爻則剛而无私守之
必貞咎自无也。五爻則中而又正。如其有疾可勿藥也。惟三上兩爻不免近於
妄矣。三之災。是牽於得而來也。五之眚。是窮於行而得也。此即象所謂匪正有
眚者矣。蓋觀於初二四五四爻以人合天。吉无不利。觀三上兩爻幾微不謹過
即隨之。為聖為狂。爭此一間。人可不知所勉哉。

以此卦擬國家。蓋所謂无妄者。即唐虞授受危微精一千古治統之眞傳也。得

之則治。失之則亂。全在大君眞實无妄之一心耳。爲卦內震外乾。乾君也天也。

震動也行也乾以君合天。是以健而剛震動而能行。是以往有吉古之帝王恭

已南面無爲而治者。惟在此善承夫天命也。故以此而茂對天時。而時無不順。

以此養育萬物。而物無不生。時一无妄也物一无妄也。以无妄對之以无妄育

之。先王法天以行政。一如雷行天下。任時而動。即在无妄之中而已。苟有行焉。

而稍不合於正也。則天不我佑其何以行之哉。其即何以爲政哉。統觀六爻。勸

戒昭焉。初爻是溫恭允塞誠至而物自化也。故曰无妄往吉。二爻是不言而信。

不動而敬。不期治而自治也。故曰利有攸往三爻是有意求治。轉得此而失彼

也。故曰有災。四爻是剛柔相濟爲能久於其道也。故无咎。五爻是以道自治不

待以亂治亂也。故曰勿藥有喜。上爻是好大喜功。行之有過也。故曰无攸利爲

國家者。保其无妄袪其匪正。健而能動。剛而得中。庶哉四時行百物生。應天順

人德美化行大亨以正。而天下治矣。

通觀此卦。上乾下震。動合夫天。剛而得中故。名曰无妄。无妄者渾全實理絕無

意外期望之謂也。是以循其實理之自然則往无不利出乎實理之所非則動

必得咎。雖禍福之來。亦有不測福自天降天所佑也禍而天降如六三之災。九

五之疾是也。禍而自致則匪正之眚是也。六爻中言吉言利言災言疾言喜言

眚皆所謂禍福也。初爻為卦之主渾全元善。故吉二爻循乎自然。不假造作。故

利四爻止所當止所以恒。无咎上爻居卦之終極而復動。故有眚。凡爻象。故

初動者必終靜。初靜者必終動。此卦初往吉二往利皆取其動也。三災四貞五

疾皆勉其守而勿動也。上有眚則戒其動之窮也。卦體乾健震動。故初象多動。

動極反靜。故終必靜也。知夫此可以談无妄之卦。

大象曰。天下雷行。物與无妄。先王以茂對時育萬物。

天下雷行陽氣勃發。鼓動萬物。萬物與之共動。蟄蟲振。草木萌。有翼者飛有足

者走無不勃然發育。各正性命。而無有差妄謂之物與无妄。法天之象。以茂對

天時者。布順時之化。以養育萬物者贊生物之功。使時行物生物物各全其所
與春生養長。咸得其宜斯吾心中之萬物皆備。而天下之萬物並育此所謂盡
性盡物也。

(占)問時運。目下運得其時。百事咸宜吉。○問商業。正如大旱望雨響雷一聲。人
人翹望貨物一到。無不旺銷。百般獲利大吉。○問家宅。此宅中時有作響。但無
忌碍。屋運甚旺。人口繁盛吉。○問戰征。有風雷席捲之勢。務須正正之旗堂堂
之陳。若欲詐取勝。反恐有禍。○問疾病。是胸有積物動而未化宜隨時運動物
自消化。勿藥有喜。○問行人。現時已動身即日可歸。○問婚嫁。兩家素有往來。
門楣相對。大吉。○問六甲。生男臨時安產吉。○問失物。或鼓傍。或磨下。或井臼
之側。尋之可得。○問天時。一雨即晴。

初九。无妄往吉。

象傳曰。无妄之往。得志也。

初爲內卦之主。震初之剛自乾而來。故象曰剛自外來。初陽始生。誠二未分不

雜復起。率性而動。動罔不藏。以其動合乎天也。由茲而往。往無不吉焉。故曰往

吉。象傳曰。往得志也。誠無不通。志無不遂。故往而得志也。

(占)問時運。目下吉。但宜出而有爲。不宜杜守家居。○問商業。利行商。不利坐賣。

○問家宅。宜遷居吉。○問戰征。宜進攻吉。○問疾病。宜出外就醫吉。○問行人。

或有事他往吉。○問六甲。生男。來月可產吉。○問婚姻。贅婿吉。○問失物。宜往

外尋之。

爻辭曰。初九无妄。往吉。

(占例)角觝士毛谷村六介者。土州人。體格肥大。重量三十貫餘。明治十七年某

月。余與友人某氏見角觝於兩國回向院。友人特愛毛谷村。請占其進步。筮得

无妄之否。

斷曰。此卦上乾下震。乾爲父。震爲長男。有上體大而健。下體小而弱之象。又震

爲足。初爻變震體敗。必主足疾。恐此人傷足。下爻六二曰不耕穫不菑畬是農

而廢其業也。由是觀之力士明年殆將廢其角觝而轉就他業矣翌十八年六

介果折足而轉他業。

六二。不耕穫。不菑畬則利有攸往。

象傳曰。不耕穫。未富也。

乾爲郊野震爲禾稼。故爻取農象耕而有穫菑而有畬原非意外期望。然以耕

而期穫以菑而期畬心有期望无妄之望即是妄也爻曰不耕穫不菑畬謂當

耕則耕耕未嘗有心於穫宜菑則菑菑未嘗有意於畬任乎先天不假後起。猶

之謀道者非爲干祿修德者非爲求名盡其在我不計外來如是則爲无妄。无

妄則利有攸往言无妄心。自无妄行則往無不利也。象傳曰未富也謂二爻居

柔得正中虛無欲未嘗有心於富也未富而不妄意於富此即所謂无妄。

(占)問時運。目下運得其正。自有意外財餉大利。○問商業不謀而獲却得大利。

吉。○問家宅此宅想是承繼之產或爲人經管莊舍。○問戰征前途倒戈有不

勝而勝之象。○問疾病勿藥有喜。○問婚姻是招贅之親。○問行人在外得利。

一時未歸。○問六甲。生女。

(占例)明治十四年一月。余浴於熱海。同浴者有華族島津公。及成島柳北等。暇

時相與手談。既而大隈伊藤井上諸君亦來浴時。大隈君顧衆曰方今露清兩

國互爭境界。兩國派出委員議論不決。和戰未定。各國之所注目也。高島氏幸

爲一占。余乃應命筮得无妄之履。

爻辭曰六二不耕穫不菑畬則利有攸往。

斷曰清爲我隣。以內卦充之。外卦爲露。无妄內卦爲震。震爲木。譬猶木槌外卦

爲乾。乾爲金。譬猶巨鐘。今觀清國政府維持本國力。尙不足。何敢與露強國構

兵乎以清拒露譬猶以木槌叩巨鐘。巨鐘依然而木槌早已摧矣。故知清必不

抗露。或讓與土地。或與以財利必以和議結局也。明矣爻辭曰不耕穫不菑畬。

露之利清之災也。

一時座客或拍手贊嘆。或疑慮不服。後果如此占。使疑者亦服焉。

○東京青山有一富商。自二三世來。分爲本末兩家。末家常守勤儉家業益昌。
本家不善治產遊惰相承家業凋落末家雖屢分金相助。如運雪塡井其消
立盡。本家計極窮欲併吞末家之產。召喚末家主人相商曰。汝家之所有。非汝
家所自有也。曩時曾從我本家分而與之也。今本家困乏若此。汝盡歸還之乎。
汝其了此意。末家主人驚愕雖百方苦陳不聽。本家主人以事不諧。將欲訟之
官。末家主人就余請占其吉凶筮得无妄之履。

爻辭曰六二不耕穫不菑畬則利有攸往。

斷曰此卦上乾下震。乾爲金震爲木。金爲本家。木爲末家。末家持木以擊本家
之金。末家必不勝。其理昭昭也。爻辭曰不耕穫不菑畬耕者必穫菑者必畬常
也。今日耕而不穫菑而不畬雖爲理之所無往往爲事之所或有以君家數代
勤儉。貯蓄財產一旦拱手而償諸本家。固屬心之所不甘。故曰无妄災也。今旣
得此占宜如其意而讓之。獨懷資金。別與一家爻曰則利有攸往。君從此孜孜
勉勵。當必再致繁昌也。

末家主人果從余言舉財產讓之別開一戶。勵精家業。未幾又獲興起。

六三无妄之災。或繫之牛。行人之得。邑人之災。

象傳曰。行人得牛邑人災也。

无妄之災謂非己之所致而至。天數之災厄。或有不可免也。六三位不中正。故事出意外。有如或繫之牛。繫者而曰或。原不知為誰氏之牛也。行人行路之人也。見其牛以為無主也。而竊得之。在邑之人。未之知也。而捕者則必就邑人而詰之。是邑人無故而受災也。即所謂无妄之災也。三之五離離為牛下互艮艮為拘。上互巽。巽為繩有繫牛之象。乾健行。象行人。離為牛。乾之行。至上止。上為行人。故上曰行有眚。是得牛而遭眚也。震之守屬於三。三為邑人。故邑人之災。上得其牛。而三罹其災。是三為无妄之災上之象曰窮之災也。上乃自致之災。所謂自作之孽也。象傳曰。邑人災也。此意外之災。唯順受焉而已。

（占）問時運。目下運值艱屯。防有意外之事。宜謹慎。○問商業。防他人占利歸己反耗財。〇問家宅。此宅恐爲外人占侵。〇問戰征。行軍得勝。守軍防有損敗。〇問疾病。此病恐是外來人傳染可慮。〇問行人。歸則歸矣。恐家人有災。〇問婚嫁宜與遠人結親吉。〇問失物。已被行人拾去。

(占例) 一日友人某突然來訪曰僕近與朋友某某。共計一商業。書來約今日會晤。今忽以家事混雜謝絕其中或有變計乎。請勞一筮。筮得无妄之同人。

爻辭曰六三无妄之災。或繫之牛行人之得邑人之災。

斷曰。爻辭謂或繫之牛。行人之得邑人之災。按離爲牛。亦爲女。觀此知其家必有遠來親友以婦女寄託也。此女象取離卦必有離絕之事。且離爲孕。或女已懷孕矣。行人之得是與行人而皆奔也。在某住所非畜牛之地。故知其必爲女也。繫者即寄託之謂也。邑人者即君之友也。然此友受此女之寄所謂邑人之災恐難免矣。某所稱家事混雜殆即此歟。

友人驚余言之奇異。而歸後數日來。謝曰。過日占辭不誤一語悉合事實。

九四可貞无咎。

象傳曰。可貞无咎固有之也。

四剛陽而居乾體剛而无私。无妄者也。然位當上下之交。初乾陽剛猶柔。恐固
守未定。或有偶涉於妄者乎故戒之曰可貞。蓋以乾之健乘无妄之體。實當以
乾之貞葆无妄之誠斯无妄之理靜以存之。固以守之。自无過失矣。故曰无咎、

象傳曰。固有之也。无妄之心。即天心也。秉於生初。非由外鑠。故曰固有也。

(占問)時運。目下運氣平順。循分則有獲妄動則有咎。○問商業堅守舊業自然
亨通。○問家宅此宅本是祖基宜永保之毋墜。○問戰征已占入外卦之地宜
堅守城池切勿妄進。○問疾病此時宜安靜調養來月勿藥而愈。○問行人一
時未歸。在外无咎。○問六甲生男。○問失物必可復得。

(占例)某貴顯來請占運氣筮得无妄之益。

爻辭曰。九四可貞无咎。

斷曰。四近尊位德秉乾剛正合貴顯身位。今占得第四爻曰可貞无咎。在貴顯
德位俱優功業素著。無復絲毫妄念恐民在下有以妄動干進。全在貴顯堅貞

而鎮定之得无咎也。

九五。无妄之疾。勿藥有喜。

象傳曰。无妄之藥不可試也。

疾猶災也。五動體坎。坎為疾。故曰疾。疾之來也。有由自致者。有因天時而非自致者。非由自致而疾者。即所謂无妄之疾。疾也。无妄之疾。如在天為日之食風之暴雨之淫雷之迅。皆一時陰陽之偏偶觸而來。時過則罕未可以藥救也。在大无妄之疾亦猶是焉。不容以藥治之也。故曰勿藥有喜。有喜謂疾去而為喜也。當疾之時。以藥治之耳。五爻剛中得位。天德全无妄之至者也。復何遺憾爻之取象於疾者。蓋以湯之幽夏臺文之囚羑里或有為盛德之累者焉。此則謂疾妄之疾也。順以守之禍患自釋。即勿藥之義焉。象傳曰。无妄之藥不可試也。无妄之疾本非真疾藥之反成疾矣。故曰不可試慎之至也。

（占）問時運。目下運氣冠正。意外之事不必介意全乎在我而已。○問商業凡一

時物價無故上落。皆無害。商業過時自平切勿擾動。○問家宅防有風摧雪壓
傾圮之患。然無大害致有喜兆。○問戰征防軍隊中有時疫流行之患宜潔淨
營屯。勿妄用藥無咎。○問行人恐中途有涉意外之事然即歸來。○問訟事有
意外牽涉不辨自釋。○問六甲。生男。○問失物不尋自得。

（占例）明治二十二年占某貴顯運氣筮得无妄之噬嗑。

爻辭曰九五无妄之疾勿藥有喜。

斷曰五爻陽剛中正下與二應可謂无妄之至者也。今占得此爻知某貴顯德
高望隆(有復)何病但道高謗或遭意外之嫌是即无妄之疾也宜勿與辯踰
時自釋若一爲計較轉致多事故曰无妄之疾勿藥有喜。

某貴顯不用此占遂釀紛紜翌年遂罷職閑居。

○明治二十五年八月余弟德右衞門患大腸癌結聘醫師守永某乞診服藥。
數日不愈某曰是非施截解術不可治也謀之佐藤國手余復爲占施術之適
否筮得无妄之噬嗑。

爻辭曰。九五。无妄之疾。勿藥有喜。

斷曰。无妄之疾。非自致也。今弟之疾。亦自然而發。非關自致。爻曰。勿藥有喜。蓋

爲不假人治也。是宜安養任其自然。三週間〔震爲三八之數〕後必可愈快。

後服補藥不復施術三週後果得全治。

○占明治三十年海軍之氣運筮得无妄之噬嗑。

爻辭曰。九五。无妄之疾。勿藥有喜。

象曰。无妄元亨利貞。其匪正有眚不利有攸往。

斷曰。无妄全卦。卦德爲眞實无妄。括言之曰正。象辭曰匪正有眚者災害也。故

說卦曰。无妄災也。今占得五爻曰无妄之疾。勿藥有喜。无妄之疾。猶言意外之

災也。恐海軍中於九十兩月中。必有非常之驚異也。此事非關人爲。實由天意。

非可強也。

後橫須賀鎭守府長官相浦中將。巡見北海道炭山。余在汽車。相晤。告以此占。

中將如不介意。然至九月聞扶桑艦沈沒豫海。占兆乃驗。

上九。无妄行有眚。无攸利。

象傳曰。无妄之行窮之災也。

上爻陽居卦之終。爲无妄之極。極而復行。行必有眚。有何利焉。象辭所謂匪正

有眚。蓋指上也。上與三應。三爲邑人上爲行人。三之災。自上致之三旣被冥上

豈能無眚乎。象曰窮之災也。位已上窮。復欲進行。是窮極而爲害也。

（占）問時運好運已終。宜安守勿動。動則終凶。○問商業歷來貿易頗稱得利兹

值歲終。或當時令交換之際。宜暫靜守。切勿再進。防有損耗。○問家宅此雖舊

宅居之則吉。愼勿他遷。遷則有眚。○問戰征地步已極。不可復進。進則有害。○

問疾病。必是老年。宜頤養自適。○問行人即日可歸。歸後切勿出行。○問六甲

生男。○問失物恐窮追不得。

（占例）每年一月。余必避寒於熱海明治二十二年一月。靜岡縣知事關口隆吉

君偶巡回縣下同宿湯戶某家。關口氏爲幕府舊士嘗學于晶平校夙具才學。

維新之際。五稜廓將帥之一也。氏索余占當歲運氣筮得无妄之隨。

爻辭曰上九无妄行有眚无攸利。

斷曰異哉何其爻象之凶也。說卦曰无妄災也。謂天災。是天降之災也。爻辭

曰行有眚无攸利觀此爻象。恐於行路中。忽遭禍變眚損也。必身體大有損傷。

象曰窮之災也。言災害之至極也。余就占象直言吉人天相君勿過慮愼之而

已。

關口氏聞之。面爲失色。

後見新聞紙報道阿部川城之越間汽車衝突。關口知事被傷。政府聞之遣侍

醫佐藤橋本醫治余閱報驚曰果哉關口君竟罹无妄之災愈感易占之神知。

悚然者久之。

一日得靜岡警部長相原安次郎氏來函云。知事被災。果應熱海之占。不堪敬

服。今欲再占知事之生命如何煩爲一筮回告筮得泰之大畜。

爻辭曰上六城復于隍。象傳曰城復于隍其命亂也。

斷曰。泰爲天地交泰之卦。今占得上爻。是泰之將終。轉而爲否之時。城復于隍

者傾毀之象。其命亂者。謂命之不全也。即以此旨答之時。見者多怪余斷之凶。

曰據醫師診斷。有回生之兆。是新聞紙所報也。貴斷毋乃過乎。余曰諸君有疑。

請竢諸他日。未幾關口氏訃至。於是當時諸君皆感服易占之妙用。

後復晤相原氏。氏曰當時得子返書。已知事不起。懷書往訪。知事謂余曰今春

熱海游浴之時。高島氏占象豫戒余之遭難果若此。殆天命也。近得醫治言可

回生。尙爲幸耳。余因嘆息。不忍以貴占出示。談及當時車變云。此日知事至靜

岡停車場。適將發鐵石雜車。知事急麾之驛吏命暫停。使知事乘之。迨進行二

里餘。至鐵路屈曲處。忽前面汽車驀地駛來與之衝突。轟然一聲積載貨物悉

飛天外。乘客中即死一人。負傷二人。知事其一也。余本同行。因知事心急單身

乘車。余未知之。得免於禍幸哉。

翌年春。晤關口氏養子某於熱海曰。亡父平素語足下易學。去歲自熱海歸。每

閑居讀君易斷。至无妄一卦。常三復不已。

增補高島易斷

山天大畜

大畜爲卦。下乾上艮。乾健也。艮止也。畜亦止也。大對小而言。小畜巽在乾上。五

陽一陰以一陰畜乾三陽。巽體柔順。其力不固。故爲小畜。大畜二陰四陽疊體

篤實能厚其儲。故爲大畜。雜卦傳曰大畜時也。大畜以艮畜乾者也。乾之純陽。

進而不止。而大畜能畜之。若不欲其進者。時未可也。不惟其止。惟其動。健而又

動。无妄所以爲災也。不惟其動。惟其止。健而能止大畜所以爲時也。序卦曰有

无妄然後可畜。故受之以大畜。此大畜之所以次於无妄也。

大畜利貞。不家食。吉利涉大川。

大畜以陽畜陽。得其正也。止而畜之。利於用也。故曰利貞。外卦艮。艮爲居有家

之象。三四五互震。震爲百穀有食之象。二三日互兌。兌曰在外有不家食之象

內卦乾。乾初爲震。震爲行有利涉之象。乾二爲坎。有大川之象。畜其德以用於

朝。養以鼎烹。故曰不家食。吉畜其材以濟於時用以舟楫故曰利涉大川。畜之
義不特爲止又爲養也爲蘊也止則止其健養則育其德蘊則儲其材不家食
吉。有以收養賢之效利涉大川有以見濟世之功。

象傳曰。大畜剛健篤實輝光曰新其德。剛上而尚賢。
能止健。大正也不家食吉養賢也利涉大川應乎天
也。

大畜以艮畜乾畜之大者也。乾爲天。天德剛健艮爲山山體篤實乾爲大明有
輝光艮爲星斗亦有輝光以艮畜乾則所謂剛健篤實輝光不必分爲乾爲艮。
要皆在此大畜中也。是以光華發越盛德日新此卦之所以曰大畜也。艮陽居
上故曰剛上艮止能畜故曰尙賢乾健難止異不能止其畜故小艮能止之其
畜乃大艮之所以能止。在得其正故曰大正也。大正即利貞。下變震爲頤頤象
曰養賢先曰觀其所養。知必不在家食也。上變坎爲需需象曰利涉。先曰位乎

天位。知其能應乎天也。故艮能止。亦能育。斯賢樂得其用矣。艮能止。亦能進。斯

險無不可濟矣。

以此卦擬人事。彖辭首曰利貞利和也。貞正也。且正爲人事之至要也卦德

以止畜健以靜畜動。是畜之大者也。故彖辭曰。大正也。蓋畜之道全在大正有

此大正斯能有此大畜所謂君子正己以正人者即此道也。剛健者天之德。篤

實者山之性。人能法山之性以畜天德。斯德性充實。而輝光發越。自見日進而

無疆矣。卷之則藏於一心。放之則發爲萬事以此而不家食吉。即家食亦吉以

此而不涉險即涉險亦利是人事而應乎天者也。六爻內三爻爲乾。欲健進

而爲艮所畜止也外三爻爲艮以能止而畜乾之健也。是以初爻懼危而自己。

二爻不可而隨止。三爻往矣。而猶能惕以艱。如人事步步留住不令躁進也四

以畜初童牛加梏畜之尚易也。五以畜二豕有牙畜之得其要也。上以畜三。

三既利往則雲霄直上以不畜爲畜也。如人事之般般謹愼各合機宜也。蓋凡

人之作事。一於健則過之。一於止則不及。過則僨事不及則不足以成事。孔子

於求之退曰進之於。由之。兼人曰退之。其深得艮止之義也夫。

以此卦擬國家。上卦爲政府秉艮山之性。止而不動。下卦爲人民挾乾健之性。

欲急謀國家之進步。將進而犯上。而六五之君。得六四上九之之輔翼同心合

志以抑止下民剛強銳進之爲此畜之所以爲大也。六五之君。溫恭而能尚賢。

與上九陰陽相比。言聽計從。爻辭所謂豶豕之牙。吉也。上九身任天下之重。共

天位。治天職食天祿以上畜三。其畜愈大而愈正。故曰何天之衢亨也。六四處

艮之始。履得其位。與上九同受六五之命。以四畜。初九陽尚穉。故曰童牛之牿

元吉也。蓋內卦三陽。其性雖健皆能受外卦之畜止。故初陽猶穉微知進而有危。

不待畜而自止。二得中。與五正應。知五處畜盛未可犯也。能遇難而止。故無尤。

三受上之畜。畜之極也。畜極則通。其德已成。可以進矣。故曰良馬逐也。國家當

此之時。君臣一德。在下免躁進之患。在上無窃位之譏。六五之君曰吉有度也。

上九之臣曰道大行也。應天順人誠千載一時之會也。非夫人之畜不克臻此。」

通觀此卦。六爻專言畜止之義。初九抱剛健之德。初陽尚微。能受六四之畜。知

難而自止者也。故有有厲利已之辭。九二履得其中。有知時之明。知其功之不

可遽成。止而不行者也。故有輿說輹之辭。九三以陽居陽。志剛而才彊。未免銳

進之嫌。惟艱貞自處。見可進而進則。可以濟世。又可以保身也。故有利艱貞利

有攸往之辭。六四當大畜之任。處艮之始。能止乾陽之初。洩故曰童牛之牿。六

五處得尊位。制惡有道。柔能制剛。是以吉也。故曰豶豕之牙。上九所謂剛上而

尚賢者也。居通顯之地。體至公之道。舍己從人以汲引眾賢。此大畜之義君子

之道。大行之時也。故曰何天之衢亨。總之初九居乾之始。其陽猶稚。故稱曰童

牛。戒其進也。九二以剛居柔。柔則勢弱。故稱曰豶豕。喜其不能進也。九三純秉

乾德乾爲馬。故稱曰良馬。又恐其徑進也。君子之難進如此。

大象曰。天在山中。大畜君子以多識前言往行。以畜

其德。

此卦乾天居艮山之中。謂山中薀畜一天地之象。其道含宏。其義深遠。譬如君

子方寸中蘊畜三才之道義及古今之事理廣見洽聞以之日新其德業也夫

前言者訓詁流傳德之華也往行者功業炳著德之實也嘉言懿行皆德之散

見者也君子之學道也考其跡觀其用以身體之以心驗之因其言而默識其

所以言因其行而默識其所以行以畜成我德此德所以日積而日大也故曰

識前言往行以畜其德也。

（占）問戰征宜養精蓄銳乘時而動自然戰無不克攻無不利定獲大勝。○問時

運目下心意縱奢未可動也必待二年後運來福至如駿馬騰空往無不利。○

問營商暫宜株守近則三月遠則三年自得逐漸推廣日積月新利源不竭大

有慶也。○問家宅宅居宜近山或在嶺上或在谷中必是素封之家近來聲名

顯達家業日隆大吉之兆。○問功名少年意氣軒昂未免稍有阻抑至三十歲

後一舉成名雲霄直上爲國爲家經綸煥著誠大用之材也。○問六甲生男且

主貴。○問訟事始被屈抑後得伸理。○問疾病占得初爻至五爻皆吉上爻則

恐壽源有阻。○問婚姻大吉。

初九。有厲利已。

象傳曰。有厲利已。不犯災也。

此爻體乾。剛健而在下。勢將銳意干進。然初爻乾陽尚微。距五位主爻尤遠。應在四爻。四爻屬艮。艮止也。初爻欲進而四爻止之。是應爻不相援。而悉相敵也。初九能知危而止。故不犯災也。謂之有厲利已。

（占）問戰征。宜守不宜攻。斯無害也。必待四爻援兵得力。方可大進獲勝。○問營商。下資本猶淺。宜謹愼自守。免致災害。後得幫手相助。自能獲利。○問家宅。是新造之宅。爲前面山勢壓制屋宅。不能過高。然無咎也。○問功名才學雖高。而初次求名。不宜發洩太早。宜自抑止。所貴大器晚成也。○問六甲。可占一索生男。○問訟事。不宜健進。健進則有災。○問婚姻。初陽爲四爻所畜是夫將受制於妻也。在夫能順從其畜。亦無災也。○問出門現宜暫止以待時運。○問疾病現雖有病可保無虞。○問失物待後自可尋獲。

（占例）某縣士族某來。請占氣運筮得大畜之蠱。

爻辭曰。初九有厲利已。

斷曰。此卦以山之小止天之大。故謂之大畜。今初爻以陽居陽。才力俱強以應

四爻之陰。四爻之陰。力能畜止初陽。知其謀望。一時必難就也。若一意躁進恐

必有禍時某不從余斷妄懷志願。往干某貴顯不服書記官之說論三日間遂

爲警視廳所拘留厥後某自悔悟。始歎易理之神妙也。

九二。輿說輹。

象傳曰輿說輹中无尤也。

輿者車也。喻進行之義輹者車軸之縛也。天之轉旋。有大車之象。輿說輹者謂

車說輹。不能駕乘而廢進行之用此爻變則爲離。有脫離之義。故曰說輹艮以

畜乾。將畜止下民之冒進。使之自止此。二與五相應。五處畜盛未可犯也。知勢

之不可而不進可謂知幾識時者矣。象傳曰中无尤也。謂其得中。无躁進之尤

也。按初九日有屬其辭緩。九二日與說輹。其辭急。初與三應。初爲乾之始。始陽

尚柔。故辭緩二與五應。五居尊位勢不可犯。故辭急。況五之畜二非徒因其進

而止之殆將尚其賢而用之也。蓋時有盛衰。勢有強弱。有不可已者。學易者所

宜深識焉。

（占）問戰征若銳意徑進。防有轍亂旗靡之禍。致一敗而不可復收惟以退爲進。

斯无尤矣。○問營商。凡有貨物。宜早脫售。雖無大利。亦無耗失。○問家宅。必是

破敗舊家。唯其能退然自守。家業自有復興之象。故无尤也。○問功名。宜待時。

母躁進也。○問婚姻小畜三爻。與說輹。夫妻反目。是不吉也。此二爻得中與五

相應。五居尊位必是貴婿大吉。○問疾病。定是腹疾。一時難愈。然无害也。○問

六甲。生男。防有足疾。○問訟事。敗而復和。

（占例）親友某縣人某來。請占氣運筮得大畜之賁。

爻辭曰。九二。輿說輹。

斷曰。此卦内卦乾天。剛健銳進。外卦艮山鎮定不動。以山畜天。故曰大畜。在今

政府非不欲登進人才亦知浮躁者非大器急切者無實功是以抑制而不用

也而一時急於求進者或互相標榜或高自議論干謁公卿奔走形勢梯榮乞

寵無所不爲當途益以此輕之矣今九二能察時之不可而退然自阻謂之輿

說輿者所以載物而行也說其輹示不復用所以甘自晦藏以待其時之至

也故曰中无咎。

某聞之曰爻辭適合我意願從此占果大得便宜也。

○占明治三十年國家財政筮得大畜之賁。

爻辭曰九二輿說輹。

斷曰此卦以山之小畜天之大。上卦一陽。畜止下卦三陽。足見其畜之大也。今

占財政而得此卦乾爲金。故主貨幣。民爲山。故主藏畜。九二坎爻。坎爲車。故曰

輿。輿說輹者示不用也。我國古來所有貨幣不出一億之外。開港以來。購入兵

仗器械船舶諸物。雖一時支出現金繁多賴政府理財得人。漸得復舊時之欵

討清之役民間募集一億五千萬公債其不足者以政府豫備金充之。戰勝之

後受取價金三億五千萬圓。窺測字內形勢強國合縱。分割弱國不得不擴充

軍政。乃以其價金充備軍資在政府固出於不得已也。而在人民之願望以爲

獲此巨價專以擴張軍備幷賞卹戰士。旣不能淸償國價。又不能振興商業。雖

銀行之貸出稍寬。而子利仍復騰貴則百業之進基。絡被抑止人民頗爲失望。

此即內卦乾天。爲外卦艮山畜止之象也。辭曰輿說輹輿之脫其輹而不能進。

猶金之刖有需畜。而不能應民之用也政府之設施如此可謂得其中矣。故象

曰中无咎也。本年之財政中止貨幣之運轉爲商工困難之占也。

後果如此云。

九三。良馬逐。利艱貞。曰閑輿衛。利有攸往。

象傳曰利有攸往。上合志也。

三辰在辰。上值軫。軫主車駕。故有馬有輿有衛。又三爲坎中坎爲艱。故利艱貞。

此爻內卦爲乾。乾爲馬逐。並進也乾畜至三。其德已成可以進矣。故其象爲良

馬逐閑習也。衞所以防不虞民在外爲止。即與衞之象。三之應在上。上處天衢
之亨。塗徑大通進行無阻。而猶必以艱貞自惕如調馬者馳驟自得猶必曰
閑與衞。乃可以利有攸往傳曰上合志也。此正畜極而通之時也。夫善騎者墜。
善泳者溺當此得意之日。故最宜戒愼平常猶此況大畜之時乎良馬以見銳
進之義與以明徐行之象。逐馬而繼以與衞銳進徐行之兩義當參觀而得之」

(占)問戰征有馬到功成之象。然必先臨事而懼斯無往不利也。○問營商三爻
與應合志。是必賣買同心曰良馬逐。是必貿遷快捷曰利艱貞是雖遇險無虞
也。大吉。○問功名有雲霄得路之象。○問家宅。必是勤儉起家。目下履當其位。
家業日進。猶能安不忘危。故无往不利。○問婚姻。二以上九爲應。上九處畜之
極。是全盛之象。占婚媾而得此爻。男女合志。大吉之兆。○問疾病宜謹愼調養
可保无虞。○問六甲。生男。

(占例)余一日訪友人某氏某氏謂曰。吾嘗約購駕車良馬今日當必有牽而來
也。謂占馬之駿駑如何。筮得大畜之損。

爻辭曰九三良馬逐利艱貞曰閑輿衛利有攸往。

斷曰此卦內卦爲乾乾爲馬又乾健也。知此馬必健捷善馳。然不諳駕馭之術。

御之亦難。故曰日閑輿衛利有攸往也。語未畢。有牽馬者至。揚言曰此馬剛健

疾馳。是良馬也。友人見之。即欲鞭策一試適前岸繫舟。轟然有聲。馬遂驚逸馭

者盡力制之不止逡巡倒行遂落溝中友人見之大驚不復購售。

○某縣士族某來。請占氣運筮得大畜之損。

爻辭曰九三良馬逐利艱貞曰閑輿衛利有攸往。

斷曰乾在无妄爲天德。在大畜爲賢才。士惟法乾而後才德備法乾則行健而

進銳。進銳者恐不能致遠。必歷艱貞。而其識深必受抑止。而其氣定如良馬之

性必先顛躓而後馳驅始受範也。故曰良馬逐利艱貞。今占時運而得此爻。知

其人必抱有用之才足荷難鉅之任者也。傳曰利有攸往。上合志也。可見目下

時運已至。可以乘時得位也。爻曰日閑輿衛利有攸往。衛守衛也。所以備不虞

示威武也。意者其將任守衛之職乎。

後此友果任某警部。

六四。童牛之牿元吉。

象傳曰六四元吉。有喜也。

六四爻辰在丑。丑爲牛。四得艮氣艮爲童。故曰童牛。以四畜初爻動而體離離
爲童牛。牛謂初九也。牿說文云牛馬牢也。引書費誓。今惟牿牛馬大畜錯卦萃。
萃用特牲吉童牛祭天之牛也。禮記郊特牲牛用犉貴誠也周禮充人祀五帝
之牲牷繫於牢鄭注牢閑也。必有閑防禽獸觸齧童牛繫之於牢備郊天也童
牛謂初九。爲之牿四也。初陽最穉始進而即閑之。如童牛之牿牿之使不牴觸。
故吉而有喜也夫天下之事防未然者易爲力。制己然者難爲功。逆折其方長
之奸潛消其未萌之逆則上不勞禁制而化自行下不傷刑誅而奸自止。初陽
尚微剛暴之習未成六四畜之所以不勞力也。元吉者柔以制剛剛不敢犯畜
之盛也喜莫大焉。

（占）問戰征。有強鄰壓制小國之象。幸四與廾相應。合應得以保全。有喜。○問營
商。爻曰童牛。謂初陽也。意以貿易新出蔣貨爲利。牿謂牢也。應以畜積圖藏爲
利。故曰元吉。○問功名。六四辰在丑。土蘊斗午。紙曰牛將相醇酔之位。恐誰生
也。其禽爲牛。孔子曰辨且角。雖欲勿用山相其舍諸蓋童牛者。駇犢
之牛也。其必進用也。明矣。故傳曰吉而有喜也。○問家宅。乾爲門。艮爲廬。
爲居爲舍。皆有家宅之象。童牛者。謂初九也。初九者。陽之初也。必
是初造之宅。爲四所牿。必門前塗徑有阻。不能進行。然終必享通。故曰有喜。○
問疾病。曰童牛者。意必老牛舐犢。災在幼子。○問六甲。生男。爻在丑。
丑土值牽牛。四應初九。初九辰在子。土值女曰童牛必。是少年結姻大吉。○問
訟事。童牛之牿。說文云牿牛馬牢也。恐有因牢之災。至上九日天衢亨當解脫
而有喜也。

（占例）余有攝綿土製造所在愛知縣下熱田。其支配人來請占。明治二十三年
攝綿土販賣之商機。筮得大畜之大有。

爻辭曰六四童牛之牿元吉。

斷曰。六四辰在丑丑土也艮爲手爻爲厚是能以手練成厚實攝綿土也元來

此物密合石灰與粘土燒爲粉末入之水中積久而成凝固如石。今占得大畜。

明明示我畜貯之象可知今年此物淹滯依六四爻辭曰童牛牿牿謂牛馬之

牢畜之以防其逸則知此物宜畜之於庫至二十五年以待價也爲上九何天

之衢亨乃可通用自在也。

後果如余占。

○占明治三十一年韓國與俄國之交際筮得大畜之大有。

爻辭曰六四童牛之牿元吉。

斷曰此卦內卦爲乾外卦爲艮占韓與俄交際當以韓爲內卦俄爲外卦乾陽

欲進爲艮止所畜明示以韓欲求進爲俄國所畜止也六四曰童牛之牿童牛

者初陽也牿之者四也童牛而入於牿欲進不得韓之爲俄所止其象更明目

下俄國公使蔑視韓廷以大國之威力畜止之恰如施童牛之角以橫木謂之

六五。豶豕之牙。吉。

象傳曰。六五之吉。有慶也。

五為二之應。九二坎爻辰在子。上值室。廣雅云。營室曰豕。又說文亥為豕。分野

略云。自危十六度至奎四度。于辰在亥。為娵訾。娵訾謂之豕。韋成亥乾位也。則

豕屬坎亦屬乾。豶。爾雅釋獸豶豕子。豶豕么幼。郭注俗呼小豶豬。為豵子。六五

爻辭曰豶豕。蓋指九二而言。九二乾陽尚稺。故曰豬豕。猶童牛之屬。初九也。牙。

鄭讀為互。廣韻互字下注云俗作牙。是昔人以牙為互。後人轉而作牙。誤也。周

禮修閭氏掌比國中宿互懷者注云。互謂行馬所以障互禁止人也。互亦通梱。

韻會梱者交互其木。以為遮闌。正合止畜之義。與初爻特為牛馬牢。其義相同。

皆所以禁止其駸進也。五爻居尊位。為民士之所歸嚮。下應九二。九二之士。能

脫輹潛修。畜養其德。待時而動。斯喜在一人。慶在天下。是以吉而有慶也。

（占）問戰征。豕屬坎。又屬亥。是必在坎險濕澤之處。最宜畜意禁止。以防敵軍豕

突能謀而後動。自然獲吉。○問營商。互有互市之義。謂財物交互成市。正合遘

時通商之象。豬豕謂小豕。譬如初次貿易。資本尚微。能受畜止乃吉。○問功名。

此必年少求名。未免躁進。宜知自止。故曰豶豕之牙吉也。○問家宅。家屬亥水。

也。宅前必有二水交互而流。是以吉也。○問疾病。六五辰在卯。東方為木。又豕

屬亥。亥為水。是必木旺水虧之症。宜自節止調養。方能有慶也。○問六甲生女。

豕豕屬亥。亥與寅卯。木水相生。皆得制伏大吉。

○問婚嫁。六五爻辰在卯。為兔。五應二。九二爻辰在寅。為虎。寅卯相合。爻曰豶

（占例）明治二年。友人某來論時勢曰。今箱館平定。天下安靜。朝庭拔各藩俊

士登用人材。整理政務。承兵馬倥偬之後。在各藩士集合在官。未免互爭權力。

致生紛擾之患。請占其形勢如何。筮得大畜之小畜。

爻辭曰六五豶豕之牙吉。

斷曰此卦下卦為乾。指各藩士族。上卦為艮。指政府也。下卦剛健。勢簇鋭進。上

卦政府。將止其躁進復給以祿養。是大畜之義也。當此兵馬倥傯之後。諸藩士
族。始膚奉給謂九二之乾陽尙稚。故曰豶豕。六五能畜止之。使不突進。牙謂遯
閑。有止畜之義也。猶言英材能隱居潛修。養成大器。故象傳曰六五之吉有慶
也。

後果如此占。後友人每相與會談及此占。未嘗不感服也。

上九。何天之衢。亨。

象傳曰何天之衢。道大行也。

衢者四通八達之道。天之衢者猶曰天路也。謂曠達而無障蔽以喻其通也。案
上九艮爻。位近丑上值牛。文獻通考。牛七度。日月五星之中道其北二星主道
路。故曰衢。又乾爲天艮爲路。故曰天衢。何作荷何天之衢。猶詩所云何天之休。
何天之寵也。此卦四畜初。五畜二上畜三。上爲卦主所謂剛上而尙賢者是也。
故象傳曰道大行也。蓋昔之畜。非畜之使不行正畜之以成其材大其畜即所

以大其行也。畜極則通。通則爲泰。此爻之所以變即爲泰也。

(占)問戰征。上九爻辰在戌。上值奎婁胃。奎象白虎主兵。婁星主興兵聚衆。胃星主征誅皆軍事也。爻曰何天之衢言旌旗載道。一戰成功。故象曰道大行也。○

問營商。上應三。三曰利艱貞。知當時貿易尚多艱苦。至上爲畜之極畜極則通。故曰何天之衢亨。即三所云利有攸往者是也。象曰道大行。是必大獲其利。○

問功名爻曰何天之衢。是即可謂青雲得路之時也。大吉。○問家宅爻曰何天之衢。衢大道也。知此宅必在大道之旁。何天者得天之祐也。吉。其宅必吉。

○問六甲。生男。○問婚嫁想是天作之合。吉。

(占例)明治十四年。應某貴顯之召占國會開設。請願成否。筮得賁之大畜。就賁之卦象推施今日之政署。知五年之間。國家無事。自明治十九年以降。迄明治二十四年。此五年值山地剝有不祥之兆。故余活用賁之二爻變爲大畜以述現今政署推至明治二十年正當大畜上爻。

爻辭曰上九何天之衢亨。

斷曰。大畜一陽止上。藏畜三陽於中謂昔剛壯健行者。今以備歷艱辛。通曉時
勢。不復須畜止也。艮山變爲坤地。四通八達。無不豁然而開通。恰如天衢之廣
濶無礙。謂之何天之衢亨。明治二十年當此爻象。知鐵道之建築。必可盛行也。
後至明治二十年。果全國人心。皆傾向鐵道株劵流行。建築自駸駸日盛也。

增補高島易斷

䷚ 山雷頤

頤從臣從頁。臣爲頤本字。頁本首字。說文曰頤也。篆書作𦣝。從口從𠃊。𠃊者。象

舌有養之義。卦體艮上震下。艮爲山。震爲雷。雷動也。山止也。卦以上下二陽象

上下唇吻。內四陰象虛而求食。頤張而不合。有求食之狀。故可以觀震陽下動

食象也。艮主止。止觀象也。然震非自動也。繫於艮以動。艮不止。震雖欲動而

不能。則其所以爲頤之主艮也。上下實而中虛。動而能止曰頤。此卦之所以名

頤也。

頤。貞吉。觀頤自求口實。

序卦傳曰。物畜然後可養。故受之以頤。頤養也。觀頤則思所養。思所養則知節。

嗜慾可省。廉恥可立。心志可寧。養生養德在其中矣。故貞吉大抵養道主靜。天

地萬物皆上動下止。惟頤下動上止。靜以制動。止以忍貪。觀頤之義也。身之有

頤本以爲養頤中虛實之所以爲養也。故曰自求口實。

象傳曰。頤貞吉養正則吉也。觀頤觀其所養也。自求

口實觀其自養也。天地養萬物。聖人養賢以及萬民。

頤之時。大矣哉。

頤卦內艮外震艮爲黔喙之屬。喙口也。即頤之象。又爲果蓏震爲蕃鮮爲百穀。

皆有養之義頤貞吉者所養得正則有吉也。然養有正不正。不觀不足以知之。

觀其所養何人則養之公與私自別也。觀其自養何求則養之貪與廉可見也。

果其所養皆賢自養有節。是養得其正。即養無不吉矣。至天地聖人極言養道

之大。人之養生。多在自養。必如天地之化育無私而萬物皆被其澤必如聖人

之痾癢在抱而上自賢哲下及萬民。無不並沐其恩。蓋聖人體天地之養以爲

養。故所養有與天地而並大象曰頤之時大矣哉謂其所養至廣。即於養之時

而已見矣。不言義而義亦在其中也。

以此卦擬人事上三爻爲艮。六五曰艮其輔輔上頷也。有頤之象。下三爻爲震。

上六曰視覬覬。有觀之義。上下互坤。坤為缶。為漿。有養之義。然養亦不一。勤息

節宣所以養正。飲食衣服所以養形。威儀禮貌所以養德。推己及物所以養人。

蓋人莫不有所養。而養亦各有所在。內而養一身。外而養天下。而要在得其正

者。吉夫士之得祿位農之事稼穡工之造器物商之通貨財。皆各食其力。各養

其身者。而得其正者也。否則因糊口之無資。而忘其廉恥。如孟子所謂苟無恒

產放僻邪侈。無不為矣。此其人復何足觀乎。然觀人者。當先觀其口實之求。人

苟不以飢渴害其心。而能以簞瓢樂其道則其所求。有在於口實之外。其所養。

必得夫性情之正。其自養如是。其養人當更有大者矣。必如天地之養物聖人

之養賢以及養育萬民。而其養不特得其貞益且獲其吉矣。頤養之道。盡在是

也。

以此卦擬國家。下卦為人民。下民好動有震之象。上卦為政府。政府能安止下

民有民之象。卦名曰頤。頤口也。下民各有一頤。下民即各自求養。農以力耕。商

以貿貨工以造器。皆各以才力自求口實。而猶有自養而不足者。政府為之薄

其征飲凋其租稅。甚至發粟以救飢給藥以療疾朝廷之仁漿義粟適爲下民
續命之恩。在政府並非以此市惠也。亦體夫天地好生之德以爲養也。至下民
之中有所謂賢者。政府尤必尊其位重其祿養之以大亨。而不敢不優也。一時
賢者沐朝廷之榮恩而并能推朝廷之德澤覃及於萬民此頤養之道所以愈
推愈廣也。象曰頤之時大矣哉有以夫。
通觀此卦上卦三爻皆所以養人下卦三爻皆所以自養養之道以養人爲公。
自養爲私自養之道以養德爲大養體爲小故初二三皆養口體私而小者也。
四五上皆以養德而養人公而大者也。無論爲養人爲自養要皆以得正爲吉。
故象曰山下有雷頤君子以愼言語節飲食謂頤之爲用吐露言語咀嚼飲食。
皆由頤而出君子觀頤之象。而知所宜愼宜節也。初爻以陽處下爲動之始是
動而自求養也。舍靈龜而觀朵頤是以凶也。六二處下體之中无應於上反而
養初故曰征凶六三雖應上爻。上九而拂頤養之節自納於上以詔媚者也。故
至十年而猶勿用復何利之有六四身處上體居得其位。應於初爻。以上養下。

得養之宜。又能威嚴寡欲所以得吉六五以陰居陽。而比於上行則失類居則

貞吉。故不可涉大川上九以陽處上而履四陰。衆陰皆由此得養。故曰由頤。然

其所以得此養者不知幾歷危屬而始得吉也。故曰屬吉養至此則无往不利。

故曰利涉大川而有慶也。蓋頤之全卦專言養生之道其本在初曰龜曰虎曰

顛示其用也。曰拂正其趨也。曰由竟其委也。聖人所以握造化之機而盡性命

之理者於頤之一卦見之矣。

大象曰。山下有雷頤。君子以愼言語節飲食。

此卦山下有雷爲上止下動之義。即頤口之用也。夫言語者。禍福之所由召飲

食者。疾病之所由生動止得其道斯言不妄發。食不過度矣。君子觀頤之象。而

知其所愼。知其所節。大之則命令所出愼之而無失貨財所入節之而無傷極

而言之。則養德以養天下。皆無不然也。

（占）問戰征。上止下動。防隊下有妄動召亂者。或機密漏洩。或酗酒啓釁。最宜謹

慎。○問功名山下有雷雷發聲而山亦鳴有聲名騰達之象。○問經商頤象內

動外止。主貨物內地升動外地底落之象。又恐販貨出外。一時不能銷售其貨

物大約不離食品。○問家宅艮山欲止震雷欲動山在上雷在下。恐地盤震動。

宜防火災。○問疾病上止下動山屬土雷屬火。主上焦寒閉下焦熱瀉之象。必

待五爻象曰順以從上庶上下通順也乃吉。一爻一日必至五日可愈。○問行

人內卦動而外卦止。必已動身。爲外事阻止。上九日利涉大川知必從水路而

來。近則六七日可到遠則六七月方歸。○問六甲。生男。○問失物山下有雷知

其物爲重物壓止。一時不見待後可得。○問訟事主爲言語飲食細故啓釁下

欲動而上止之必有上官出而阻止不終訟也。○問婚姻頤養也。婦主中饋有

養之義外夫內妻。內動而外止。有婦從夫之象吉。

初九。舍爾靈龜。觀我朵頤。凶。

象傳曰。觀我朵頤。亦不足貴也。

凡爻辭爾與我對言。是易中比應。互爲賓主之一例。此爻爾我云云。自應位之

六四告初九之辭。爾指初九。我則六四自稱也。龜爲四靈之一。不飲不食。服氣

吐納淵默。自養者也。頤初上兩陽而包四陽。離象也。離爲龜。故曰靈龜。初九一

陽之始。胚胎萬有。是即吾身之靈龜。不待養於外者也。舍靈龜而觀朵頤。是捐

其廉明之德。以行其貪窃之情。蠢茲眾生。可悲可歎。故戒之曰凶。象曰不足貴

者。謂養小失大。縱得所欲。亦不足貴也。

(占)問戰征。古者行軍必先占卜以定吉凶。爻辭曰舍爾靈龜。觀我朵頤。是不畏

神明。而徒貪財物。故曰凶也。○問營商。初爻爲一陽之始。變而爲剝。剝者解剝

也。象曰不利有攸往。營商恐難獲利。爻辭曰爾我者。主賓也。朵頤者。口之動。而

食物也。舍靈龜而觀朵頤。有利亦恐爲他人食沒也。故凶。○問功名。靈龜者內

心也。朵頤者外貌也。舍內而求外舍己而觀人。徒慕虛聲。必無實學。功名難成。

○問家宅。宅中六神不安。恐有外鬼作祟。動來求食凶。○問疾病。病由飲食不

節所致。宜問神祈禱可愈。○問婚嫁。爾我者。男女兩姓也。舍爾觀我。顯見兩姓

不諧。其故在爭論禮物。必不成也。成亦必凶。○問訟事。必由口舌啓釁曰舍我。

日觀爾是兩造各執一見。一時不能就理。凶。

(占例)友人某來曰。余竊有希求。欲面謁某貴顯。請占其成否如何筮得頤之剝」

爻辭曰。初九舍爾靈龜觀我朵頤凶。

斷曰此卦內卦震雷。雷動也。外卦艮山。山止也。顯見雷欲動而爲山所止也。今

得初爻。明明足下將有所動作。而爲貴顯所阻止爻辭曰。舍爾靈龜觀我朵頤。

所謂爾者屬貴顯我者是足下。舍爾觀我是足下欲強貴顯而從我所求也。所

謂朵頤者。口腹之求。無饜之欲以此往謁貴顯。非特不成。恐反受譴責故曰凶

也。

友人聞之不快於意。後往謁貴顯爲所謝絕。

六二。顛頤。拂經。於丘頤。征凶。

象傳曰。六二征凶。行失類也。

二爻比初應五。陰柔不能自養。猶女不能自處。而必從男。陰不能獨立。而必從陽也。顛倒也。拂違也。經義也。丘所履之常處也。夫頤陽之道以自上養下爲常。今二爻雖與五爲應。陰柔不能養五。反而求養於初爻。辭曰顛頤。顛倒而違於常理也。以此求養。未見其福以此而行。未見有與。故曰頤征凶。象曰行失類也。震爲行陰陽各從其類。二爻不知養內卦之乾。反養外卦之坤。是爲失類。故征凶也。

（占）問戰征。行軍之要。首在紀律嚴明。步伐整齊。爻曰顛頤拂經。是必背違紀律。步伐錯亂也。凶莫大矣。○問營商。二爻變損耗損也。於商不利。爻辭曰顛頤。拂是明言賣買出入不合常理也。故曰征凶。○問功名顛頤。拂經是不循常道。傲倖求成雖得終凶。○問婚嫁。六二陰柔居下。不奉上而反養下。是謂顛倒拂亂不得其正。婦道不可問矣。故象曰行失類也。凶可知矣。

（占例）友人醫師伊藤某其子在橫濱營商業。伊藤某一日來訪。請占其子終身運限。筮得頤之損。

爻辭曰。六二。顚頤。拂經。於丘頤。征凶。

斷曰。頤之六二。以陰居陰。才智俱弱。未足與立事業也。頤者養也。當居下以奉

上。不當以上而養下。此爲養之常道也。今六二爻辭曰。顚頤。拂經。於丘。是顚倒

拂亂而失其正也。足下占問令郎終身。而得此爻。知令郎雖從事商業。必不能

獲利而養親。而反將耗損父產。故曰征凶。且其所與共事者皆非善類。故象曰。

六二征凶。行失類也。爲今之計。惟囑令郎停止商業。可免後患。伊藤某聞之。大

爲歎息。謂易象所云。絲毫不爽。即命其子閉店。其子不從。竟至產業蕩盡。可惜

可惜。

六三。拂頤。貞凶。十年勿用。无攸利。

象傳曰。十年勿用。道大悖也。

三爻居內卦之極。陰柔而不中正。頤三變而爲賁。呂氏春秋。孔子卜得賁曰不

吉。以賁不得五色之正也。頤三比二應上。詔媚以奉上。是拂夫頤養之貞。故凶。

上下互坤。坤爲十年。故曰十年。坤又爲用以其拂貞。故曰勿用。三至六爲剝剝

象曰不利有攸往。註謂當剝之時。强亢激拂。觸忤隕身。是以不利有攸往。頤曰

拂貞。故直曰无攸利。是无所可往。无所得利也。象傳曰道大悖也。極言於頤養

之道。大相拂亂。故至十年而勿用。深責而棄絕之也。

（占）問戰征。師以貞爲吉拂貞則不吉。頤養也。養兵以備用。養拂其道。則兵不可

用象曰道大悖也。是犯上好亂其敗亡必矣。故凶。〇問營商。商業專在獲利曰

无攸利無論營業之大小。無論販貨之遠近皆无所得利也。極之十年勿用。是

久久而不成事也。故凶。〇問功名功名之道要在出而用世。得以可利濟羣民。

是將以道養天下也。若拂夫頤之正。而極之十年勿用則將終其身而不得見

用也。故曰无攸利。〇問家宅是宅必久无人居住矣。且恐有鬼祟出而求食家

宅不安住之不利。〇問婚姻。主閨門不貞其婚事亦必過十年可成。〇問六甲。

生男。

（占例）明治二十五年。占國家之氣運。筮得頤之賁又占衆議院。得初爻推理如

左。

象辭曰頤貞吉觀頤自求口實。

爻辭曰六三拂頤貞凶十年勿用无攸利。

此卦雷在下山在上雷欲動而爲山所止頤之象爲人口上腮止而下腮動頤

之義爲養如張口以求食也今占國家氣運得此卦蓋國家所重在人民人民

之所重在食人一日不食則飢七日不食則死人民之旦夕皇皇不憚勞苦者。

無非自求其食也內而家外而國仰事俯畜皆藉得食以爲養也且頤之反卦

爲頤人民發動政府自上得以止之政府行動人民在下亦得以止之猶是頤

之上下吻有互相開合以爲用也故利用觀觀頤者即觀其頤之貞不貞也貞

即正所謂養正則吉由一已以推諸家國天下皆以得養之正爲吉我日本全

國人口繁殖明治五年三千五百萬人二十年間已達四千餘萬今以一年平

均計之約有四十萬人增加論土地之開墾每年僅不過二萬町步以地之所

產合計人口之所食每年有二十萬人民不得其食是以人民不能不自求口

實矣。求而正者吉。不正則放僻邪侈。無所不為。由是廉恥道喪。爭奪日滋而盜

賊羣起。原其故。無不由自求口實來也。朝廷治以禁暴之法。而不開其養生之

源。譬如見赤子呱呱啼飢。不為之哺乳。而與以止啼之苦藥。終無益也。為今之

計惟在誘道窮民使人開墾荒蕪不毛之地。又起國家公益之事業而從事之。

以與為民力食之地而已。謂之頤貞吉。

三爻之辭曰拂頤貞凶。十年勿用。无攸利是即象辭所云頤貞吉者。而反言之

也。十年勿用。无攸利是凶之極致也。三爻以陰居陰。不中不正。上下俱悖頤養

之正道。故曰拂頤貞凶國家氣運值此爻象及今而不急為調劑。恐異日之憂。

有不可測者矣。且今後十年。即至大過上爻之氣運則有窮民轉溝壑之象。故

曰。十年勿用无攸利。占象如斯可懼可懼。

占衆議院。得初爻辭曰舍爾靈龜觀我朵頤。凶象傳曰觀我朵頤。亦不足貴也」

龜者介蟲之最靈者曳尾泥塗是葆養靈德。而不求口實者也。初爻震陽之始。

為下卦之主爻辭曰舍爾靈龜觀我朵頤凶。今就議員而論所謂爾者屬主選

之人所謂我者必屬應選之人。是舍主選者之明鑒而專觀應選者之口實則

龜無其靈。不足以爲龜即議員無其材。不足爲議員也。故象曰。觀我朶頤亦不

足貴也。明言此徒求溫飽之輩。雖倖充議員何足貴乎又此爻變則爲剝剝之

爲卦。君子道消小人道長此最爲國家盛衰所攸關主議員之選者所當凜凜

也。

○友人某從事商業。家道富裕。生有一子。平生悔己不學。使子就學東京雖卒

業學校。因素無家教遂至所交匪人。徵逐酒食浪費金錢或侮慢者成或誹謗

親友。甚至以父爲頑固而奴視之逼迫父母分析財產。復來東京充辯護之士

間營米商以爭輸贏。乃至亡失資本復託友人。請求於父於是其父來請一占。

筮得頤之賁。

爻辭曰六三。拂頤貞凶十年勿用无攸利。

斷曰頤養也。謂宜以下養上者也。今令郎分父財產。未幾耗盡而復求食於父。

是下不能養上。而轉欲以上養下也。故三爻之辭曰。拂頤貞凶十年勿用无攸

利以令郎素失教訓不知生産之艱難必至十年勿用困苦窮阨歷盡艱辛使之困極知悔十年以後或可有爲也爲今之計惟稍給口食得以度日而已是今日處置之法也其父歎息曰所謂子不教父之過余知所悔矣乃謝而去

六四顚頤吉虎視耽耽其欲逐逐无咎。

象傳曰顚頤之吉上施光也。

四爻柔正與初九剛正相應居得其位以上養下得頤之義故曰顚頤吉四爻屬上體得艮氣艮爲虎耽耽下視之貌是威而不猛之謂也逐逐子夏傳作攸攸苟作悠悠劉作篋云遠也按漢書叙傳六四耽耽其欲浟浟師古注浟浟欲利之貌初取象於龜龜者介蟲之長四取象於虎虎者百獸之長是兩相應也龜之德在靈虎之威在視初與四取義各有所在且頤卦旁通大過大過顚也故四稱顚二亦稱顚六二顚頤凶六四則以顚頤得吉者何也蓋六二處下體而又養下是以凶也六四處上體又應於初陰而應陽又能威嚴寡欲所以吉

也。象曰頤頤之吉。上施光也。上謂上九。上得乾之一畫。乾陽上燭光明無所不
照。四知養其乾元則乾之光施於四。四即得之以爲光。是以曰上施光也。

(占)問戰征戰士之勇者稱虎臣。亦稱虎賁皆謂其有力也。然必須養其精銳而
後用。非徒恃威猛而輕進也。故曰頤頤吉。○問營商頤倒也。恐一時物價有倒
跌之象。虎視耽耽欲逐逐譬言商人謀利之狀。能視其賤價而置貨。故吉而无
咎。○問功名功名之兆。自古多取龍虎是以吉也。視耽耽欲逐逐皆謀望騰達
之意。○問家宅。此宅必右山白虎遜高。有怒目欲噬之形。幸四爻以陰居陰位
得其正可无咎也。○問六甲生男。

(占例)內務省參事官松本郁朗氏將以公事赴濃尾。因請占任命事件筮得頤
之噬嗑。

爻辭曰六四。顛頤吉虎視耽耽其欲逐逐无咎。

斷曰此卦內卦爲震動外卦爲艮止。知足下赴濃尾地方。爲辨理震災後之事
宜也。震動艮止。其象昭然頤養之道以下養上爲正。今震災之後。民不得食顎

廷爲發粟賑濟。是以上而養下也。顛倒也。故曰顛頤吉。虎視耽耽。其欲逐逐。屬

在災民。其皇皇求食。儼如餓虎。亦無足怪然其中保無奸吏營私視政府賑災

之餉陰作中飽之圖所謂視耽耽。欲逐逐者。亦未始無人也。足下辦此災案。尤

當察其姦曲此爻變爲噬嗑噬嗑爲卦用獄明罰所謂小懲而大誠之也。恤此

災民懲彼奸吏雖有虎視耽耽。其欲逐逐。故无咎也。

松本氏首肯而去後果如此占。

○友人某來。請占某貴顯筮得頤之益。

爻辭曰。六四顛頤吉。虎視耽耽。其欲逐逐。无咎。

斷曰。四爻位近六五。顯見宰輔之象。四處上體。爲艮之始。其威德能鎮定羣動。

其恩澤能養育羣生。應於初爻陰而養陽。又能威嚴而寡欲。故曰顛頤吉。虎視

耽耽。其欲逐逐。无咎也。

友人曰。斷語如見其人。

六五。拂經居貞吉。不可涉大川。

平文申虚
象次語
恐誤

象傳曰。居貞之吉。順以從上也。

五爻以陽居陽。无應於下。而比於上。是爲君者不能養人。反爲人所養者也。即

拂君道之常經。故曰拂經。頤卦六爻。惟初上屬陽。陽宜行陰宜居。且五體艮艮

爲止。行則失類。故曰居貞吉。五又中虛象坎坎爲險。又爲大川居貞雖吉。而養

道未成。不能以濟險。故曰不可涉大川。按二曰拂經三曰拂貞拂違也。二三以

違拂頤養之道。故皆曰凶。五亦曰拂經。而獨曰吉何也。不知五爻之吉不在拂

經。而在居貞。故象傳曰居貞之吉。順以從上上謂上九。謂五近上能以陰順陽。

故居貞得吉也。

（占）問戰征行軍之道。有經有權謂能達權似不必拘拘守經也。故拂經无咎。曰

居貞吉則宜固守不宜進攻不可涉大川恐於川流之際有伏兵舟楫前往防

有風波之阨皆當謹愼。○問營商利於坐賈不利行商販貨出洋更爲可慮。○

問功名出而應試難望成名。○問家宅上體屬艮山居則吉若在臨江近水其

宅不利。○問婚嫁恐有不得媒聘之正者若能從一而終則亦吉也。○問六甲。

生男。○問疾病。病在五爻。久則四五月。近則五六天。由於調養失宜。能安居靜

養則吉。若冒風雨涉遠路。恐難治也。

(占例)明治十年中秋。東京增上寺大教正。福田行誠偕其徒少教正朝日氏來

訪曰。我增上寺佛殿往罹火災。已閱十年。寺增謀請重新。余謂兵革之餘。集資

非易。僧徒聞之。不以余言爲是。謂本山而無大殿。是失莊嚴之相。咸各誓願募

化計圖再建。於是豫算經費。一切所需。凡若干萬圓。後因物價騰貴。鳩工未竣。

金欵告匱。敢請一占。余曰。易道盡人事而俟天命。瑣瑣細事。未可瀆問。不如占

問佛殿之建築何時完成。朝日氏諸之筮得頤之益。

爻辭曰。六五拂經居貞吉。不可涉大川。

斷曰。筮得頤五爻。可觀現今佛家之結果也。經即佛經。拂經者有違佛經之旨

趣也。維新以來。佛制亦從而改革。寺領既還法禁遂改。食肉畜妻。在所不禁。出

家在家。復何區別。是之謂拂經。然佛家宗旨。自來不一。古之名僧。有以飯鴿爲

食者。經文所載。有以法喜爲妻者。是以身犯法而爲虛無空諸所有而歸寂滅

者也。此亦一法也。但必以安居守貞為吉。若不避危險。與俗人爭利逐欲則不

可也。故曰不可涉大川。頤反卦為大過。大過四爻曰棟隆吉。九四互乾。辰在亥。

上值危室。開元占經引甘氏曰危主架屋。又引地軸占曰營室大人之宮。故棟

隆。佛殿以供大佛。是以亦有棟隆之象。頤五爻象傳曰居貞之吉。順以從上也。

上指上九。上九曰由頤厲吉大有慶也。五至上相隔一爻。謂一年順以從上。俟

明年。佛殿可成。故曰有慶。

上九。由頤厲吉利涉大川。

象傳曰。由頤厲吉大有慶也。

此卦初上兩剛合養四陰。初爻在下震陽尚微。勢力未充。上爻居上艮陽已極。

德足養人。卦中四陰。皆由上九而養。故曰由頤。上爻在卦為成卦之主。在爻為

養人之主。其任甚重。且以陽剛之才居危疑之地。苟其稍形驕惰。君疑眾怨。是

危殆之道也。故人臣當此。唯常懷危厲之念。斯可保其吉也。伊尹周公憂勤惕

厲。終得其吉。即此道也。故曰厲吉以厲而得吉也。養至此則乾元在我險可涉。

危可濟。弱水不能陷大海。不能阻夫亦安往而不可哉。故曰利涉大川較六五

之可居貞而不可以涉川者。又有進矣。是足以當天下之大任濟天下之艱危。

以成天下之治安者也。在此由頤之功耳。象傳曰。由頤。厲吉。大有慶也。謂陽剛

在上能由養已以及養人推而至於養天下則无人而不被其養。即无人而不

獲其慶也。故象曰大有慶也。

（占）問戰征。諺云養兵千日。用力一朝。其得效力疆場者。皆由平日教養來也。故

曰由頤。兵危事也。不知幾經危厲。乃得此克捷之功。故曰厲吉利涉大川者。必

其軍士同心同德斯得涉險臨危而不避。如周師之會孟津。諸葛之渡瀘水。是

也。○問營商。商業專在謀利得利則足以養身養家。然商不能安居而得利也。

必將涉歷險途或遠買重洋。方可獲利。故曰厲吉。○問功名功名一道。由小而

大。由卑而尊。然必憂勤惕厲。乃得功成名遂也。象曰大有慶也。是即所謂得之

有喜也。○問疾病。雖危得救。故曰厲吉。○問六甲。生男。故象曰大有慶也。

（占例）余每年於冬至日。占翌歲事物之吉凶。以爲常例。明治二十二年冬爲占

一卦筮得頤之復。

爻辭曰。上九。由頤厲吉利涉大川

今歲一月。某貴顯來訪問及麥作豐歉如何。余曰。本年政府蓄金備荒。購入外

國米以濟災黎某貴顯問何以知之。答曰客冬余曾占今年麥作。遇頤之復。頤

之爲卦。其象爲口。其義主養。小之則養在一身一家。大之則養及天下萬民。羣

生衣食。由此而推暨也。故曰由頤上九一陽在上。四陰在下。定卜先時多雨麥

作不豐。極至上爻陽光發露。收成尙可。故曰厲吉。在昨年。因遭水災。穀粒歉收。

今年春麥又不豐。則民食闕乏米價騰貴勢必困苦流離。有不堪着想者矣。政

府目擊時艱。設法賑濟。計維招購外國洋米以濟民饑其米之來。或自清國。或

自印度。或自暹羅。皆由舶運。故曰利涉大川後余以此占上申大藏省。政府乃

察其機即以備荒蓄金購入外國米出賣於諸港民心遂得安悅。

澤風大過

大過自頤而來頤上下二陽中包四陰。大過反之。以二陰包四陽。四陽過盛故曰大過。夫道中而已。陽欲其盛不欲其過。太剛必折太實必製今四陽中滿二陰屏居无位之地陽雖盛而下无基。上无繫反借資於二陰。二陰微弱不能為助。是失其中也。失中即為過卦體上兌下巽。兌正秋也。秋金氣水之母也。故兌為澤巽辰在巳。上值軫。主風故巽為風合之謂澤風大過。然大過巽與小過何也。小過以艮遇震止而動其動未危陰雖盛而下有基止則吉也。大過以巽遇兌入而悅。悅極不出陽雖盛而下无根入則顛也。雜卦傳云。大過顛也。故大過一卦。不言顛以頤言顛以頤與大過顛倒以相為用序卦是以置諸上易之路天地再交以成坎離也。

大過棟撓。利有攸往亨。

大過。陽大。陰小。剛積於中。足以任重。有似棟然。兌上巽下。巽爲木。兌爲毀折。木

而毀折棟斯撓矣。當此大廈將傾。非一木所能支。惟當出門求助以拯患難。乃

得亨通。故曰利有攸往亨。

象傳曰。大過。大者過也。棟撓。本末弱也。剛過而中巽

而說行。利有攸往乃亨。大過之時大矣哉。

此卦下巽上兌。四陽積中。剛陽過盛。故曰大過。陽大陰小。故曰大者過也。棟屋

脊也。巽木而爲兌金所傷。故撓巽木本柔上無根柢下無附屬。故本末俱弱。剛

過而中。非二五之中謂四剛連亙。位處於中。剛雖過而位處中也。然不可徒恃

夫剛。須以巽而說者行之。巽主初言說主上言。四剛互乾爲行。以柔濟剛黽勉

前進。乃得亨也。故曰利有攸往乃亨。蓋奇才生於困厄。定力出於艱辛。轉敗爲

成。在此時也。故曰大過之時大矣哉。

以此卦擬人事。就卦體言。四剛居中爲主於內。二柔在上下爲客於外。爲主者

剛過是主剛而客柔也。就卦象言。四剛排列中間。二柔分居上下。儼若棟然。夫

人必具剛強之德。斯足充棟梁之選。然過剛無制則太強必折。其棟撓矣。要必

以巽而說者行之。庶幾剛而有濟。剛不患其過剛撓不至於終撓其有大

過之材。乃克濟大過之事。利有攸往乃亨者。皆本乾元用九而來。利有時亦借

乾之行健也。乃亨即乾之元亨也。聖人於易雖以扶陽抑陰爲主。而有時亦借

陰以濟陽。巽以出之。說以行之。是袪其大過而就以時中也。則變而不失其常。

窮而不失其正。故曰大過之時大矣哉。所謂時者。亦即終日乾乾與時偕之道

也。

以此卦擬國家。下卦爲人民巽爲風。有四方風動之象。上卦爲政府。兌爲澤有

我澤如春之象。卦體剛在中。二柔居初上。是四剛當權。有威有福。居中而秉政

者也。凡國家建大功。興大役皆以一人身任其重。如大屋之有棟。以負荷衆材。

然任載過重則不勝其任。而立見其撓也。是本末弱也。所謂本末者。指上下二

陰而言。二陰才力柔弱不克任重。故撓此乃陰衰而陽失其輔。臣弱而君失其

地泮高島易斷

衛。陽剛過中所致也。當此之時。在蹈常守轍之人。多不敢為。惟知時達變之士。

所欲奮然而往也。必其秉剛陽之德而能以巽順和說行之。寬以克猛。柔以濟

剛。得時中之宜。無亢陽之患。足以平大難興大業。乾卦所云。不言利而美利利

天下者胥是道也。故曰利有攸往乃亨。蓋往以濟時之過。其必能通其時之變。

反其勢之平。整頓天下於一新。維持世道於無窮。而可得亨通也。

通觀此卦。剛陽太實。有不能運動之象。譬如人之肢體肥重。不能轉運也。又四

陽居中。二陰退而聽命。下無根柢生氣已斷。上無附屬枝葉既凋。故爻辭有枯

楊之象。曾不如剝姤之猶可來復。然大過頤養也。謂當養其二陰以相

濟也。兌澤在上。巽木在下。象曰。澤滅木。澤本下而反上。木本上而反下。此大過

之所以為頤。過越常分之大者也。君子法之。獨立不懼。遯世无悶。是能以退藏

者養其陽而防其過也。非君子則不能。大過六爻。二陰四陽。有陽爻而處陰位

焉。有陰爻而處陽焉。有陰爻而處陰位焉。爻有不同。義亦各

判。初爻以(陽居)陰。是過之尚微也。巽為茅。茅雖柔物。藉之亦足助剛。故无咎。王

爻亦以陽居陰。是過而不過也。巽木爲楊。澤滅之而枯得陽九生氣枯而復稊。故亦无咎三爻以陽居陽。是過而又過也。四剛在中。如屋之有棟剛果自用終致棟撓故凶四爻亦以陽居陰。是亦過而不過也。四與初應得其所藉三日撓而四日隆故吉五爻以陽居陽是過而無復過也。枯楊之象與二爻同。然陽至五而極雖華已衰。故曰何可久也。六爻以陰居陰。四剛既傾是過之終極也。利有攸往正在此時所謂過涉者忠在救時故滅頂雖凶而无咎也以爻之相對者言之。初與六對象本末弱者指初上也。一以藉茅而无咎一以過涉而忘凶皆足以救其過也二與五對枯楊之象所取相同。生稊生華久暫分也。三與四對棟之爲象所取亦同曰撓曰隆吉凶判也。總之卦以陰陽相偶謂得中。偏則爲過四陽二陰是大過也。故曰大者過也君子於此以獨立不懼遯世无悶處之。抱憂時嫉俗之念具撥亂反正之才利害不計。成敗不言上六之過涉滅頂者必斯人也。復何咎矣。

大象曰。澤滅木。大過君子以獨立不懼遯世无悶。

此卦澤水浸淫巽木之上。木爲之枯。故曰澤滅木。當是時。世俗之士。或皆隨流逐波。鮮有不磨滅者矣。惟君子具大過人之材幹。雖時當困阨。而操守彌堅所信者理。所樂者天。謂之獨立不懼遯世无悶。是必剛而能柔。過而能往。可謂善處大過之時者也。

(占)問戰征滅滅絕也。大欲滅國。小欲滅身。其象凶矣。行軍占此恐有暴水淹沒之禍。○問營商。象曰澤滅木。有低價忽而高漲之勢。○問功名。獨立不懼遯世无悶者謂當退身隱處。一時未可求名也。○問家宅。兌澤在上。巽木在下。其象反復。位置不正。防有滅凶之禍。○問疾病。是肝火內爵之症。腎氣冲上醫治非易。○問婚嫁。澤滅木。恐配偶之間有老幼不勻。○問六甲生女。○問失物。必墮入水溝之處。

初六藉用白茅。无咎。

象傳曰。藉用白茅。柔在下也。

藉者舖地也。白茅取其潔也。古者祭祀藉之。灌酒以降神也。茅白皆取巽象。巽

在下卦。藉茅於下。所以承上之剛也。初爻陰柔。唐下。不犯剛。而能承剛當瞭床

過之時。敬愼事上。不得謂過分也。故比之禮義之適中者。則有過於敬愼之失。

比之傲慢侮人者。則其勝亦不啻霄壤。在高傲者。固有咎。而卑下者。必无咎焉。

蓋茅柔物也。藉之足以相助。未可以茅之微而忽之。象曰柔在下也。以爻言則

初在下以茅言則藉在下。初六居陰陰爲柔。茅質柔弱。故曰柔在下也。

（占）問戰征。當此初次出師。最忌剛暴過甚。宜寬柔待下。○問營商。販運之貨。必

是藥品。或是茶葉木棉。其色必白。其質必柔。均可獲利。○問功名。拔茅連茹。是

有連類同登之象。○問家宅。其宅必近卑濕低下之處。屋外蔓草荒蕪。是初爻

建築也。○問疾病。病體柔弱。下焦有濕。須用香燥之藥治之。○問失物。於草地

上覓之。○問六甲。生女。

（占例）明治元年東久世中將鍋島肥前守。充先鋒將收橫濱。余時在肥前守營

中。兼管各種事務。藩士下村某牽兵士百人奉命先收浦賀。以嚮導屬余爲籤

一卦。筮得大過之夬。

爻辭曰。初六。藉用白茅。无咎。

斷曰。凡占軍事。內卦爲我。外卦爲敵。初爻在內卦之下。以陽居陰。陰屬柔顯見。我宜用柔。兌爲澤所攻取者。必是水澤之地。白茅柔軟之物。用以藉地履之而安。无失足之虞。是致我卿枚潛進也。今聞浦賀港上。有開陽回天以下六艦碇泊。幕兵脫走者數千人。搭載之。浦賀兵士。又與之同心聯絡。敵勢過盛。未便用強攻擊。爻辭曰。柔在下也。是明示以用柔之道。以柔能剛收取海門咽喉爲上策也。余說下村某率令十數人前進不戰而平。

九二。枯楊生稊。老夫得其女妻。无不利。

象傳曰。老夫女妻。過以相與也。

二爻以陽居陰。陰盡則死。陽來則生。物之常理。巽爲木。兌爲澤。木之近水者爲楊。澤而滅木。楊必枯矣。得九二陽氣生動。故得枯而復生。稊楊之秀也。按二爻

體乾。乾為老為男。故曰老夫。下得巽在初。巽為處女。故曰女妻。二與初比而得

初。故曰老夫得其女妻。夫夫婦配偶。以年之相若為正。老夫女妻是亦顯也。然

老少雖非正四。而陰陽自得相濟。老夫女妻。猶枯楊之生稊。終得妊育也。故曰

无不利。象曰。過以相與也。卦之義在剛過。夫而過老妻。而過少。故曰過以相與。

雜卦傳曰大過顛也。斯之謂與。

（占）問戰征有轉敗為勝之象。○問營商兌為陰。亦為金。巽為風。亦為木。寇為金

木生意。枯楊生稊。於種植林木。或販運樹木。皆无不利。○問功名。就㚲象看㚲。

必待晚年。方可成名。○問家宅。此宅昔年定多不利。係陽宅居於陰地。近來得

陽九發動。必有枯樹開花。此其兆也。利。○問婚姻。主有老鰥重娶得以生育大

利。○問疾病。雖危得安。○問失物。必得。

（占例）明治二十二年。友人來請占某家運氣。筮得大過之咸。

爻辭曰。九二枯楊生稊。老夫得其女妻。无不利。

斷曰此卦上兌下巽。是以兌少女居巽長女之上。少女不善理家。長女將取而

代之。故一家因此有顛覆之患。今占某家得此爻家業之衰得人理之。自然復

盛猶木之既枯得陽氣發動自然生稊人雖既老得配少妻亦能生育皆有既

敗復成之象所謂枯楊生稊老夫得其女妻无不利者是也。

○明治二十七年十二月我軍自入海城。有敵將宋慶乘雪中通路屢來逆襲

挑戰海城幾危筮得大過之咸。

爻辭曰。九二枯楊生稊老夫得其女妻无不利。

斷曰此卦合上下二卦有坎險之象是兩軍共履困難今爻辭曰枯楊生稊楊

以冬枯春生必待春暖我軍乃可突出所向無敵老夫得其女妻无不利是我

師既老必得新來之兵發助壯氣可以制勝也。後果有第二軍精兵新來占領

蓋平。聲援海城。二月十四日克太平山三月四日占領牛莊。六日占領營口。九

日陷田庄臺渾如草木乘春生發也。

○明治三十一年占我國與清國交際筮得大過之咸。

爻辭曰。九二枯楊生稊老夫得其女妻无不利。

斷曰此卦兌上巽下。兌爲金。爲澤。屬正西。巽爲風。爲木。屬東南。金來尅木。顯見

西來侵奪東南。象曰澤滅木。是其兆也。今占得二爻。二爻以陽處陰爻。辭謂枯

楊生稊。楊即巽木。爲澤所滅。故枯。枯者衰敗之象。足見東南之衰弱。生稊者是

得春陽之發動也。老夫者亦衰。象得其女妻。是得少陰之相助也。論我日本與

清國皆地居東南。朝鮮一國。介在我兩國之間。我國向欲與清國恊商以合力

保護朝鮮。清國拘泥舊慣。以朝鮮爲屬邦。不容我議。我兩國因之啟戰。清國敗

北割地講和。後魯德法三國聯合。意屬體清。遍我割還遼東。在三國包藏禍心。

未必不借此爲功。迫索清國分割要地。此亦勢所必至也。清國近知歐洲列國

之不可恃。願蠲舊怨。敦夙好。重聯脣齒之盟。我國亦願從此與清國憂樂相同。

患難與共。合保東南。力拒歐西。惟期轉弱爲強。反衰爲盛。猶如枯楊之生稊。老

夫之得妻也。象曰過以相與也。以言我兩國昔日相戰。今日相和。是過分相與

也。

九三。棟撓凶。

象傳曰棟撓之凶不可以有輔也。

就全卦言四剛連亘在中如屋有棟上下兩陰皆弱故撓就三爻言九三互乾。
辰在亥上值危宿按危三星在虛東北形如蓋屋有棟之象田以剛居剛過而
又過過剛必折故撓九三剛愎自用視羣策羣力皆莫已若遂至孤立無助愈
高愈危終致棟撓之凶象曰不可以有輔也言三予智自雄不能與人共事集
思廣益故不可相輔有成也亦三自取之耳。

〔占〕問戰征棟者一屋之主即一軍之主帥也撓者攔折也棟而撓是主帥受傷
之象弊在主帥過於剛猛不聽人言所致故凶。〇問營商商業必須得人為輔
方能成事若自運自刃非特經營不大且恐致意外耗失棟撓云者有人財兩
失之慮故凶。〇問功名能任大任者稱棟梁之材云撓則棟非其棟矣雖成終
敗凶。〇問家宅此宅不吉。棟折榱崩不可居也凶。〇問婚嫁九三以陽居陽孤
陽無助婚姻不成成亦不吉。〇問六甲生男恐不能養。

〔占例〕明治二十三年某月友人某來日依市町村制將選舉市長我市民向所

屬望者。有甲乙二人。我以甲爲適當。故將投票。請占其勝敗。筮得大過之困。

爻辭曰。九三。棟橈凶。

斷曰。此卦四陽居中。爲棟。初上二陰柔弱不克任重。故橈今占選舉市長得此爻。在甲才力俱强。足以任事。但恃己傲人。剛愎過甚。剛則必折橈之所由來也。三爻以陽居陽是謂過而又過。雖與上六相應。上爻以陰居陰柔弱無力縱極力爲之推荐。無能爲也。四爻爲乙曰棟隆。得選必在四爻。甲無望焉。

後果如此占。

九四。棟隆吉。有它吝。

象傳曰。棟隆之吉。不橈乎下也。

九三曰棟橈。九四曰棟隆。其義相反。以九四在下卦之上。以陽居陰。亦過而不過也。下與初應。初爻雖弱得其所藉。即可不橈。按九四辰在午。上值張。南宮候曰。張爲天府。故有棟象隆。說文曰豐大也。玉篇曰中央高也。棟以任重。故宜矣。

棟在屋中。故宜高。高必以下爲基。下有所藉斯高而不危。三之所以撓者。下無

藉也。四得其藉故隆。凡事之得所憑藉。而大險可濟大功可成。上不孤君之託。

下不負民之望。皆猶是也。其吉可知。故曰棟隆吉有它。吝者。嘗四若懷他志。厭

初之本弱。而不屑用其藉則三之撓即爲四之撓。必不免於吝矣。象曰不撓於

下也。謂棟旣隆起。下必不撓也。

(占)問戰征行軍屯營宜占高阜要地。下有所藉斯營基鞏固。可進可退。自不爲

敵所撓也。故吉。○問營商想必是材木生意。木料高大足備巨室之用。若他項

經營恐未必佳。○問功名爻曰棟隆必是大材。可當大任。斯足副棟隆之兆其

他小試非其所長。有不屑爲也。○問家宅此宅棟樑輝煌門戶宏潤吉。○間疾

病想是中胸有痞塊高起。然無害。

(占例)有甲乙兩會社同業相競。一日甲社社長某來曰。今當市內販路之點勢

難兩立。因請一占筮得大過之井。

爻辭曰。九四棟隆吉有它吝。

斷曰。卦名大過。是剛過也。而當地立兩社。亦為過分。占得四爻。爻曰棟隆吉。此
卦三四兩爻。皆取象於棟。猶之二社並立也。可知甲乙之爭。即在此三四兩爻。
乙社九三。以陽居陽。是材力與資本俱足。其應為上爻。上爻無可憑藉。甲社為
九四。以陽居陰。材力與資本稍卑。其應為初爻。初爻得其所藉。有藉者隆。無藉
者撓。甲社勝矣。謂之棟隆吉。
後果甲與乙仆。

九五。枯楊生華。老婦得其士夫。无咎。无譽。

象傳曰。枯楊生華。何可久也。老婦士夫。亦可醜也。

枯楊之解。見九二下。此爻與上六陰陽相比。得陰潤之助而生華。故曰枯楊生華。楊華無實。飄蕩隨盡。榮無幾時也。九二以得初陰之助而生稊。九五下無有助。唯與上六相比。猶斷根之楊。得雨露之潤。雖一日發華。不久凋落。老婦指上六。喻上六陰極而衰。士夫指九五。喻九五之無內助。士未娶妻者之稱。即謂少

年。陰而居上。故呼老婦。陽而居下。故稱士夫。是亦大過之義也。九五以剛在剛。

三陰皆不爲用。獨與上六陰陽相比。故曰夫婦從夫婦之序而論當曰土夫得

老婦。今日老婦得士夫者。原其配偶之所起。志出老婦老婦首唱而求士夫醜

體尤在老婦亦以見聖人盡人情考世故之妙也。象傳曰老夫士夫亦可醜也。

醜者汚辱之義深惡之之辭也。

(占)問戰征行軍占此。必軍中主將偏裨位置顛倒任用不當。一時雖獲勝仗未

能持久。○問營商防經商者貪戀外遇致播醜聲。○問家宅防閨房不正牆藩

有茨。○問功名。必主晚年獲雋。○問婚嫁必年齒不齊。四偶不正。○問六甲生

女不育。

(占例)明治十七年因朝鮮滋事占曰清關係。

爻辭曰九五枯楊生華老婦得其士夫。无咎无譽。象傳曰枯楊生華何可久也。

老婦士夫。亦可醜也。

斷曰此番朝鮮發礮啓釁。不特關涉朝鮮。即關涉清國。是三國中一大關涉之

事也。在朝鮮屏弱已極。譬如枯楊即一時開花。不久遂零落矣。在清國政尚舊
習。譬如美婦亦已老矣。清國且以朝鮮爲屬邦。朝鮮政令。悉皆聽命於清。儼如
少男受制於老婦也。今我國無端而受朝鮮之辱不能不與之論辯論辯不直。
必將大啓兵端。亦勢所必然也。清國亦知其然。故願與議和就爻象而細究之。
知日清必不至決裂也。其間機密爻象雖露未可顯言焉。
〇明治十八年夏。余避暑於箱根。與貴顯某某等同宿旅舍中。一日相與閒遊
山野。某貴顯曰。此間幽閒僻靜覔一勝地。結一別墅足以避囂足以娛老。洵可
樂也足下亦有意否。聞言亦覺欣然。既而思之。不能自決爲占一卦筮得大過
之恒。

爻辭曰。九五枯楊生華。老婦得其士夫。无咎无譽。

斷曰。五爻以陽居陽。貴顯屬陽。未可以間退也。就其地論。箱根屬在東、海道是
爲巽木之位爻曰枯楊生華。知箱根繁盛亦不久矣。且遊客往來多在避暑之
時。過此鮮有到者。老婦得其士夫者以喻箱根之地。名勝久著若老婦之素有

艷名。士夫者少年也。少年聞其名。未涉其勝。是以多來遊賞。究之一過即往。无

咎。亦无譽也。且少年人不識風雅。反來作踐。故象曰亦可醜也。

因謝某貴顯之勸。

○明治三十一年。占國民協會氣運筮得大過之恆。

爻辭曰。九五。枯楊生華。老夫得其士夫无咎无譽。

斷曰。五爻以陽居陽。是過而又過。宜其士夫无咎。而爻辭曰枯楊何也。蓋以巽

本柔木。一經兌澤所滅。幾成枯木。雖一時復華。亦不久搖落矣。且陽至五而極。

陽極則衰。陽將變而為陰。故稱老婦。士夫少男也。近年社會往往多用少年。亦

時勢使然也。故曰老婦得其士夫。究之老大者無能。反以少年之議論為得計。

噫。亦可醜也。爻曰无咎。无譽。可知本年協會之氣運。亦無榮無辱而已。

上六。過涉滅頂凶。

象傳曰過涉之凶。不可咎也。

過涉滅頂者。謂犯危險而涉河。不得達岸。水沒其首也。互卦乾爲首爻例上爲

頂上六兌爻兌爲水澤。位近酉上値胃附星積水石氏云。積水星明則大水出。

故有過涉滅頂之象。六爻以陰居陰。才力俱弱。但其志在救時。雖履患踏險明

知過涉之多凶。而忘身濟國。有不遑反顧者。即使其功不成其志深足尚焉復。

有何咎此所謂勇士不忘在溝壑志士不忘喪其元。萬世綱常正賴此輩以存

也。

（占）問戰征。恐有主將陣亡之慘。○問功名。有頭懸梁錐刺股之苦志。宜其聲名

願達有志竟成。○問營商運貨出洋。最宜謹愼。○問疾病。恐水氣上冲頭面浮

腫凶。○問家宅。恐有大水泛漲。牆傾屋倒之患。○問六甲生女。

（占例）某縣人携友人某之添書來曰。今謀新創一事業深有所慮請占其成否

如何。筮得大過之姤。

爻辭曰上六過涉滅頂凶无咎。

斷曰。六爻居兌卦之終志在救時。未免過於決裂。是以凶也。今足下占事而得

此爻知足下所謀事業有關公益但其中事多顛覆率意經行禍有不測還宜

待時而動毋蹈於危徒自苦耳切囑切囑。

後此人不用此占遂至失敗。

○明治二十八年占我國與法國交際筮得大過之姤。

爻辭曰上六過涉滅頂凶无咎。

斷曰上爻居外卦之極殆謂外交既平以後又將別起一波乎爻辭曰過涉滅

頂凶我國自過海遠征清國戰敗割地議和我軍即此凱旋在我國固未嘗過

於苛求就爻象觀之或者他國謂我剛強過甚將有出而干涉其事者亦未可

知也後果有魯法德三國同盟干與清國和歟逼我即還遼東我政府措置能

適此卦意無事結局云。

坎爲水

坎從大過來。序卦傳曰。物不可以終過。故受之以坎。大過者過也。坎字從土從欠。欠不足也。以不足補其大過。故繼之以坎卦體一奇二偶二偶一奇。乾天乾天藏於坤地之中。元氣充溢化濕而生水。是謂天一生水。此坎之所以爲水也。

習坎。有孚維心亨行有尚。

卦體。上坎下坎。是上下皆水也。八純皆上下一體獨坎加習習有二義。一謂便習即學而時習之習謂坎險難涉。必須便習諳諫。方可以濟。一謂重習謂上下皆坎。是取重疊之義。坎中一畫即乾陽乾陽剛正誠實居中。故曰有孚。一陽在中中即心也。元陽開通。故曰維心亨。心亨者。亦即從乾元亨來也。以此行險則孚而能格亨無不通。故曰行有尚也。

象傳曰。習坎重險也。水流而不盈。行險而不失其信。

維心亨。乃以剛中也。行有尚。往有功也。天險不可升

也。地險山川邱陵也。王公設險以守其國險之時用

大矣哉。

習坎。習。重也。坎。險也。是險不一險。故曰重險習字從羽從白。註謂鳥數飛也。蓋

鳥以數飛能避羅網之險。故坎曰習坎。亦取其可以避險也。坎為水。水流不息。

隨流隨進。而未嘗見其盈也。水隨月為盈虛。朝潮夕汎漲落有常。而未嘗失其

時也。二五兩爻體乾皆中實者。心也。維中實乃有孚。亦維中實乃能亨心之

所在有功。其行是可嘉尚也。大凡天下之事。處順則易。履逆則難。孔子論仁徵

之於造次顛沛中庸論道。極之於夷狄患難艱險之地。非有定識定力者不敢

行也。若魯莽而行之。亦鮮見其有功者哉。八卦之德美而多吉。惟坎為險多凶

人皆以險爲可懼而坎乃以險而爲用天以險而成其高明地以險而成其博
厚國以險而成其強大險之爲險其用甚大知險之爲用矣』
以此卦擬人事象曰重險以見險之不一險也卦體上下虛而中實知虛者皆
水而中實爲土亦虛處爲陷而中實爲孚孚者何以心相格也人能以心相格。
其心自然亨通所謂忠信可涉波濤者此也在初經涉險者往往臨險而却步。
然萬里風帆賈客頻行而不懼千重絕壑樵夫徒步而忘危何也以其習熟也。
坎之一卦所以加一習字正以勉人當習聽之而無忽焉爲水之流時往時來不
愆期候是其信也水之行注澮注川自然流通是其功也人皆以水爲陰柔不
能亨乎亦奚以能行乎知其剛中而習鍊以行之則視險如夷而所往有功洵
可嘉尚矣蓋觀夫天而懸逈高遠其險不可登也觀夫地而深山大澤其險有
各在也觀夫國而下陽大峴其險有必爭也謂險可用而險亦有時不可用非
險之不可用也亦在用之得其時耳故不曰險之用大而曰險之時用大矣哉』

以此卦擬國家。坎卦二陽四陰。二五君臣之位。皆陷於二陰之險中。朝政紊亂。
民志囂張。加以氣候失節。穀麥不登。正值天時人事之窮。因之以成坎險之世
也。內卦初爻爲坎之始。是國家初值其險。失道則凶矣。三爻是一險未平。一險
又來。國家之勢幾危矣。二爻雖秉陽剛之德。而力求濟險。無如兩坎相接陷溺
已深。所得亦小矣。外卦四爻。以陰居陰處重險多懼之地樽篘之貳以象其重
累。是國家危急存亡之際也。上六與初爻相爲首尾。初爲險之始。上爲險之終。
初猶得日昧于未經上。則狃以爲常矣。不可以理論也。九五爲卦之主。陽剛獨
攬與九二相應。九二能操心慮患夙夜靖共輔佐九五之君。撥天下之亂靖國
家之難。上下交孚治道乃亨。往而有功。烏容沒也哉。聖人於坎而勉以習於險
而惕以重于流而不盈者言其深于行而有信者聰其誠而坎險乃可濟矣。君
子之所以常德行習敎事者胥是道也。蓋天之所以高地之所以厚王公之所
以立國皆險之用也。如坎睽蹇皆非美事聖人有時而用之。故皆贊歎之曰時
用大矣哉此義不可不知也。

通觀此卦是進固險退亦險是謂重險困上加困之象也象說君子之難爻說

小人之難以示出坎之道者也夫處險而動心忍性者君子之坎也值險而墮

節隕身者小人之坎也人生值世莫不有坎而所以防險者要自有道也故象

辭首勉之曰習繼惕之曰孚而終美之曰亨蓋謂水之爲物流而順行則無溢

溢之患塞而滯則必溢故行險者謹愼恐懼不失其信可終得其成功也察六

爻之情同處困難各有吉凶初六爲履險之始習而未精遂陷深坑外无應援

不克自濟是以凶也九二剛中求而有得則險而不險險在其中即亨在其中

也是以曰未出中也六三兩坎相接入險既深陰柔不正未能出險是以終无

功也六四雖抱忠貞之心而局量狹隘自乏救險之才唯祈鬼神從九五之陽

而得出險者也是以曰剛柔濟也九五陽剛中正高居尊位爲坎體之主象傳

所謂水流而不盈者惟五當之水德在平平則險不爲險是以曰无咎也上六

居坎之極坎爲獄此爲陷險而入於獄也初之失道尚可宥焉終之失道不可

宥也懲以三歲期其悔復是以三歲凶也蓋人之涉世如水流坎無時無險隉。

無地無缺陷庸人處之遂步成荊棘。君子履之。畏途亦康衢。何者君子習慣庸

人生疎此坎之所以貴習也。

大象曰。水洊至。習坎。君子以常德行。習教事。

坎爲水。水性本至平。可爲物之準則也。故坎爲通。爲平。爲中實之信。洊重襲也。

雷曰洊者。聲相續也。水曰洊者。流相續也。常者謂終始如一。習者謂一再不已。

君子法水之洊。而日新其德。法坎之習。而不倦其敎德以有常而不改。敎以練

習而不輟。內卦三爻屬己所以修己也。外卦三爻屬人。所以敎人也。俟其旣成。

勉其未成。君子濟險之功在是焉。

(占)問戰征。有敵兵頻番侵襲之勢。宜時刻防備。○問功名。有逐步升騰之象。○

問營商。財如流水。水源源而來。可久可大。商運亨通。○問家宅。此宅外北首必有

坑陷。泉流不息。坎辰在子。上值虛危。危主蓋屋。恐隣居有營造之象。○問疾病。

防是水瀉之症。歷久未愈宜禱。取樽酒簋貳之義。○問婚嫁。必是親上加親。有

重複連親之象。○問六甲。生男。

象傳曰習坎入坎。失道凶也。

初六。習坎。入于坎窞凶。

習者。重複慣習之義審者。坎中小穴也。初爻爲卦之始。即爲坎之始也列子曰。

人有濱河而居者習於水勇於泅。所謂善泅者不溺也。初爻習而未善。是以不

能出坎。而反入於窞窞爲小坎。小坎則陷愈深而出愈難。故凶象曰習坎入坎。

謂習坎者本欲出坎習坎而入坎。非習坎誤之。在習坎之失道者誤之耳。故曰

失道凶也。

（占）問戰征。有設計埋伏因之反墮敵計凶道也。○問功名。有徼倖求名。反致遭

辱是無益而有損也。○問營商因販貨失利轉運他處。貨到。市面更小不能脫

售。○問疾病求醫療疾醫失其道其病益危。○問婚姻。恐墮騙局必非明媒正

娶也。○問六甲。防生產有難。

（占例）友人某來請占氣運筮得坎之節。

爻辭曰。初六習坎。入于坎窞凶。

斷曰坎爲水。爲大川。爲溝瀆皆水流汙下之地。初爻當卦之始。居卦之下。是初入水處。不知其深幾重也。玆卜氣運而得此爻。論人生命運。平順興旺者吉。缺陷窮阨者凶。坎者陷也。可見目下不利宜以道自守。若失道妄動恐入陷盆深。凶難言矣。凡卦爻一爻爲一年。必待五爻曰坎不盈。祗旣平可无咎矣。

其後果如所占。

九二。坎有險求小得。

象傳曰。求小得。未出中也。

上坎爲穴。下坎爲險。有險者。謂前後左右皆險地也。此爻以一陽陷二陰之中。又無應援。固不能遽出坎險。唯其有剛中之德。忍耐困守。縱不及五之不盈。而平可以免咎。而求之不已。亦不至毫無一得。故曰求小得蓋雖小亦得也。象曰。

未出中也。可知亨在中矣。

（占）問戰征可暗通隧道以襲敵營。雖未大捷。必有小勝。○問營商。小利可謀。○問功名。小試必利。○問家宅。宅外恐有河岸崩頹。宜加修治。○問疾病。必是瘡瘍等症。延醫治之。當得小效。難期全愈。○問六甲。得男。

（占例）有東京某富商甲幹。來請占其店氣運。筮得坎之比。

爻辭曰。九二坎有險。求小得。

斷曰。九二以陽居陰。位得中正。爲內卦之主。與五相應。五位居尊。必是五爲主店。二爲分店也。今占得坎二爻曰。坎有險。必兩店共際險難。一時商運衰微動遭虧耗。非人力之咎。是氣運使然也。足下旣代主人而占。必能盡心於店事。惟當至正至中。不涉偏私竭力圖謀。雖無大利。必有小得也。

後果如所占。

六三。來之坎坎。險且枕。入于坎窞。勿用。

象傳曰。來之坎坎。終无功也。

此爻以陰居陽。不中不正。才弱而志强。在二坎之間。而一无應援。欲越險而前行有上卦之坎阻止。欲避險而他往。有下卦之坎橫來是本位既不得安居。而前後左右進退動止。亦復無地非坎。故曰來之坎坎。枕止也。安也。謂既履其險。且爲休止而暫息焉。雖一時未能出險。亦不至入而益深。若勿用安息。而强典力爭必致入於坎窞而不可救矣。窞說文曰坎中更有坎也。虞曰坎中小穴初三兩爻皆陰空穴。故皆稱窞。象曰終无功也謂自來豪傑皆自困苦中磨礪而成。坎險足以阨人坎險實足以成人若遇險而徒晏息偷安。是失險之時用矣。故曰終无功也。又按險且枕費易古文作檢且沈。檢押謂築堤防水。爲之檢押沈川祭名禮記曰祭川沈凡沈辜謂礫牲以祭川也。夫治水者唯在順其性以導之若但用檢押則水勢壅而愈猛決堤崩岸。所傷益多。雖沈性以祭究何濟乎。故爻戒以勿用傳釋以无功此又一說也。似較訓沈謂安謂止者其義尤

（占）問戰征。象爲營壘四面皆臨坎險。進退兩難。宜枕戈暫息以待應援。○問營

商。觀爻象爲海運生意。舟行且阻。宜入奧暫守。○問功名。觀象是值萬般困阨

爲餓肌勞膚之時也。目下无功。晚成可望。○問家宅。此宅水法錯亂殺氣多凶。

屋北有一坎窞。急宜塡滿。○問婚嫁。坎爲男。是爲男家求婚也。爻曰。勿用。必不

成也。○問六甲。生男。

（占例）某氏來請占氣運。筮得坎之井。

爻辭曰。六三。來之坎坎。險且枕。入于坎窞。勿用。

斷曰。坎者。險也。險者。難也。爻曰。來之坎坎。是坎險重複。困苦纏綿之象。占問氣

運而得此爻。顯見前進爲險。後退亦險。一時終難解脫阨運。若妄用妄動必致

陷入深窞。不可得救。宜困窮自守以待後運。

○明治三十年占外國交際。筮得坎之井。

爻辭曰。六三。來之坎坎。險且枕。入于坎窞。勿用。

斷曰此卦上下皆水。坎體一陽。陷于二陰。是爲坎之又坎。困難重複之象。今占

外國交際。而得此爻。我日本濱海之邦。東西南北環抱重洋。舟舶往來。島嶼重

疊。所在皆坎險之地。設險守國。固其宜也。論外國交際。自海禁一開。西夷北秋。

海舶時通來之坎坎。是其象也。際此時艱。唯當嚴修內防。枕戈以待。若妄用干

戈。則愈生艱難。故曰入于坎窞。象曰來之坎坎。終无功也。謂坎險頻來。內防不

暇。而妄開外釁。何能見功哉。

果哉是年政府從事海陸軍之擴張。築造砲臺。正合爻象。

六四。樽酒簋貳用缶。納約自牖。終无咎。

象傳曰樽酒簋貳剛柔際也。

樽酒尊也簋黍稷器也。貳副也。禮有副尊。按周禮大祭三貳。中祭再貳。小祭壹

貳。謂就三酒之尊而益之也。缶即謂之盎。瓦器也。又六四辰在丑。上值斗。可以

斟之象。尊上又有建星形如簋。建星上有弁星形如缶。故六四皆取其象。約儉

也。貳以致其禮之隆。缶以昭其用之儉牖室中通明之處。坎為納。故曰納。詩來

蘋于以奠之。宗室牖下納。約自牖義取此耳。六四以陰處陰。本易有咎廼四爻

能以樽酒簋貳約。而自牖納之可以羞王公可以享宗廟。故終得无咎。象曰剛

柔際也。謂上下兩卦。二剛四柔之際。兩坎相重樽簋之貳以象其重也。謂處剛

柔相交。能以樽簋自牖納之。亦足昭其誠也。故曰无咎。

（占）問戰征行軍以糧餉為重所謂足兵首在足食納約自牖云者牖非納食之

地。猶言潛地運餉以防敵兵刼奪也。○問營商。坎為酒想是造酒之業。○問功

名。想是春風得意燕樂嘉賓可喜可賀。○問疾病宜禱○問婚姻吉。

（占例）縉紳某來請占氣運筮得坎之困。

爻辭曰六四。樽酒簋貳用缶納約自牖終无咎。

斷曰。四爻處多懼之地。坎險重重本易招咎今貴顯占氣運。而得此爻爻曰樽

酒貳簋。納約自牖擴此可知貴顯食用儉約以禮自守固无咎也。且四與五比。

四以陰居陰。五以陽居陽。四臣也。五君也。象曰剛柔相濟正見君臣相得也。

○明治三十年。占我國與韓國交際。筮得坎之困。

爻辭曰六四。樽酒簋貳。用缶納約自牖。終无咎。

斷曰。韓邦僻處東海。國小而弱。地當海道之要。爲外交各國所覬覦。今見重險國運至此。是險之又險者也。今占與我國交際。而得坎之四爻按周易鄭荀義云六四象大臣出會諸侯。九五天子大臣之象。樽酒簋貳主國饗之之禮也。現今各國交際。皆屬在使臣。使臣燕饗亦禮之常。而唯納約自牖一言頗有可疑。蓋燕饗之禮。獻之於筵斷不納之自牖。四居外卦。或者韓君出避於外。而就食於使臣之館乎。納約自牖。蓋潛送食品之謂也。曰終无咎謂一時雖遭其難。而終必復位也。此年韓王果有出投俄國使館之事。

九五。坎不盈。祇既平。无咎。

象曰坎不盈。中未大也。

九五以陽居陽。位得中正。爲坎之主。象傳所謂水流而不盈。惟五足以當之。水之德在平。平則險不爲險也。祇旣平者。謂適得其平。坎穴也。穴中之水不盈則平。盈則汎濫橫流。便有衝決之患。凡天下之事。多以盈滿招災。水亦如是。唯其不盈而平。是以无咎。象曰。水未大也。大猶滿也。惟其坎流不大。斯得平穩無險。否則大水爲災。水亦何取夫大哉。故曰中未大也。坎險危地。本非美德五之不盈。雖爲善處險者。亦但云无咎而已。未足稱吉也。

（占）問戰征爲將之道。最忌恃功而驕以致衆心不平。取敗之道也。雖孫吳復起。不能爲功。○問營商。不貪一時意外之利。必酌量物價之平。以計久遠。是善賈者也。○問功名。位不大。○問時運。謙受益滿招損。終身誦之可也。○問家宅。宅外有小地。水流清淺。又有一平坡。風景頗好。无咎。○問婚姻。兩姓門戶相當。吉。

（占例）相識商人某。來請占氣運。筮得坎之師。

爻辭曰。九五坎不盈。祇旣平。无咎。

斷曰。坎爲困難之卦。今得第五爻。則從來辛苦漸得平和。爾後可交盛運。故曰坎不盈。祗既平。无咎。

後果如此占。

上六。繫用徽纆。寘于叢棘。三歲不得。凶。

象傳曰。上六失道凶。三歲也。

上爻以陰居陰。當坎險之終。而不知悔悟也。初之失道。猶得曰未經上之失道
狃之以爲常矣。不可以理諭。惟有以法繩之。坎爲罪爲獄爲叢棘徽纆繩索也。
叢棘獄墻也。繫之以徽纆。置之於叢棘。所以治其罪而使之悔也。坎爲三歲。故
禁錮三年。律所謂上罪三年而舍也。三年而悔過遷善。斯得反其正矣。三年而
不改。是將終身失道矣。故象曰。失道凶也。聖人之懲惡也。始則嚴以繩之。必
寬以宥之。迨至久而不悛。亦末如之何也已矣。此可知聖人未嘗輕棄人也。
(占)問戰征。有勞師遠征久役不歸之慮。○問營商。想是採辦蠶絲生意。三年之
後。方可獲利。○問功名。恐有意外之災。不特功名不就。防有牢獄之罪凶。○問

婚姻紅絲繫足。婚姻有前定也。但良緣未到。須待三年後。可就。○問六甲。得子。

須遲。○問家宅。此宅不知緣何荒廢。牆圍偏生藤蔓。宜加修葺。前住者不利後

住者吉。

（占例）明治十七年十月。埼玉縣秩父郡暴徒蜂起。勢甚猖獗。將延侵各郡。予深

憂之。偶一友人來。請占結局如何。筮得坎之渙。

爻辭曰上六繫用徽纆寘于叢棘三歲不得凶。

斷曰爻象明示以教化之不從治之以刑法也。拘以徽纆鋼以叢棘。是治罪之

律也。當時國家效法西歐。改革舊政。其間梗他之徒。竊苦新政不便。惑衆蜂起。

侵掠各郡。此皆無賴之民慂不畏法自陷於坎險而罔知顧忌也。國家不得已。

執其渠魁置之刑獄之間不遽加以顯戮凶之三歲俾知悔也。三歲而不改凶

莫大焉。

其後政府處分。不外此占之意。

○我國與清國戰勝之後。俄法德三國同盟。假託保護清國迫我還付遼東後

三國因此得假旅順山東雲南之地。强設鐵道。領收鑛山。其所爲有與前日之
口實大反者。在我國當時已逆料三國之志問占一卦筮得坎之渙。

爻辭曰。上六係用徽纆。寘于叢棘三歲不得凶。

斷曰。上六爲坎卦之終。本可過此以出險也。上六又以陰居陰。位在卦外顯見
外國有陰謀譎計。出而圖事者遍我還付遼東。非爲清也。實三國爲自計耳。未
幾各强借山東旅順雲南等要區設立鐵道。此狡計之可明見也。繫以徽纆寘
于叢棘。譬言其强逼之狀。三歲者猶言三國也。謂三國若不遂其欲必不了事。

象曰。上六失道凶。道路也。謂三國興築鐵道。在清明明失其路也。故凶。

離爲火

離卦二陰四陽。上下一體。離者。偶象也。奇實陰中積而成坎。偶分陽中兩而爲離。烝始化濕。濕蒸成熱。水資始。火資生。水化氣。火化形。故地二生火。火者。兩化也。其象爲偶奇離成偶。偶兩成離。是故善離莫如火。火一星也。離爲萬炬遇物而皆焚。人一心也離爲萬應觸處而皆通。惟火中虛。虛則能離也。

離利貞亨畜牝牛吉。

坤二成離。陰虛內合。卦體主柔。柔則近於不正。不正則不亨通。故利在行正。乃得亨通。是以亨在利貞之下也。按他卦皆言亨利貞離獨先言利貞。而後亨。蓋離內柔外剛。不得其正。始雖通。終必塞矣。故利在貞。貞而後乃亨也。畜牝牛吉者。離爲坤之子。坤爲牛。離亦爲牝牛。牝牛柔順得離之性。六爻陰爲牝。二五在中。以陽包陰。爲畜牝牛不中犧牲之用。利在孳生。故曰畜離由坤二成坤曰牝馬。牝馬利在行遠。故取其貞離曰牝牛。牝牛利在生息。故不取其貞也。坤資生。

離為火。火生土牛土性也。有生息不已之象。故曰畜牝牛吉。

象傳曰。離麗也。日月麗乎天。百穀草木麗乎土。重明

以麗乎正。乃化成天下柔麗乎中正。故亨是以畜牝

牛吉也。

離卦上下皆火以取明兩作離之象。離麗也。離為火。火之為物有氣而無形。著

物而顯其形。夫物莫不有所麗。本乎天者親上。則麗于天。本乎地者親下。則麗

于地。日月之在地。百穀草木之在地。其明象也。重明者。重離也。離以中虛而明。

得正明之體。六二為離之主爻。五因而重之。與二相附以成其明。故曰重明以

麗乎正。惟其所麗者正。故得嚮明而治。化成天下柔麗乎中正。謂六二也。六二

以柔處柔中而又正。得所麗也。故亨離互巽兌。兌辰在酉。上值昴。昴南有星曰

天苑。主畜牛馬。苑西有芻藁六星。主積草以供牛馬之食。故曰畜牝牛。牝牛性

柔待人芻牧。其麗无心。无心之麗正之至也。正故吉。麗夫天地亨之大。牝牛之

畜亨之小。舉小大而麗之。用悉該矣。

以此卦擬人事離以中虛而成。人心亦中虛。故離爲火。人心亦爲火。離取明。人

心亦取其明。火本無質。有所麗而炎生。心亦無形。有所麗而神發。是以麗於目

則爲視。麗於耳則爲聽。麗於口則爲食。麗於身則進退周旋皆是也。人心莫不

有麗。然麗道則正。麗欲則邪。麗德則中。麗利則偏邪。而偏者必塞。中且正者乃

亨也。由其心之所存。發而爲事。則所麗者皆得其正矣。由一人之心。而及之衆

人。則天下無不化矣。蓋人心虛則靈。靈則明。明則通矣。而其所以虛而能靈。在

得乎柔之正耳。離之爲卦。柔居其中以二剛包一柔。即以二剛畜一柔。凡物性

之柔者唯牛。牝牛則柔之又柔也。最爲易畜。離以二畫得坤柔。故坤曰牝馬。離

曰牝牛。義皆取其柔也。是殆教人以牧畜之事也。

以此卦擬國家。上卦屬政府。下卦屬人民。離爲火。火炎上。則威德皆出於上離

又爲孕。孕能育。則下民皆受其養離以二爲主位五爲尊位二五皆陰。上下同

增補高島易斷

體足見君臣一心朝野合志離者麗也麗於物而始彰。在天垂象。在地成形皆

因所麗而顯國家之治象。亦猶是焉。麗於政令則象魏之懸書也。麗於刑罰則

虎門之讀法也。政者正也。麗苟不正則刑罰不中。而民多怨謗麗而得正則政

教乃亨。而民皆感化矣。教化之行。由近而遠。化及天下。即可由此而畜也。畜牝

牛者。畜其柔也。牧畜牧民其道本同孟子所云受人之牛羊而為牧之者。大旨

本為牧民者發也。知夫此而治道得焉矣。

通觀此卦離得坤二坎得乾五天地之用莫要於水火。文王序卦始乾坤中坎

離以二卦為天地之中氣上承乾坤下啓咸恒者也。蓋以坎之中實為誠以離

之中虛為明。誠明者。易理之妙用。聖人之心學也。明之本在身其用在國家離

者火也。今試以飛螢視燭火則燭火明也。以燭火視列星則列星明也。以列星

視日月則日月明也。故一曲之學猶飛螢之明也。文學之士猶火燭之明也。賢

人之學猶列星之明也。聖人之學猶日月之明也。其存也無瑕其運

也無間明之至也。夫明由虛生中實者必暗而無光明以柔著過剛者必發而

遂滅。離之卦中虛而柔。柔得其正。聖人以火食化天下。而天下化之。離之用正。
離之道亨矣。就六爻而推論之。初爻爲始。如火之始然也。始宜敬。故得无咎。二
爻居中得位。如日之方中也。離色黃。故曰黃離元吉。三爻處內卦之終。故得其明將
沒。如日之將夕也。哀樂失常。故凶。此爲內三爻也。九四介內外二火之間。火勢
上炎。上卦多爲凶。九四適值其位。故有突如其來之禍。焚死棄皆言其凶也。六
五得中居尊。爲外卦之主。離至五以日言爲重光。是大人繼明久照時也。憂盛
防危。勵精圖治。是以吉也。上九處明之終。離道已成。化及天下矣。其有梗頑不
化者。不能不以干戈從事。是以征伐濟禮樂之窮也。殲厥魁。舍厥從所謂王者
之師也。有何咎爲此爲外三爻也。統之離之全卦以二五兩偶。內外相應。二得
履盛之方。五凜保泰之懼。至中至正。均獲其吉。大象所謂大人以繼明照于四
方。二五兩爻得之矣。

大象曰。明兩作離。大人以繼明照乎四方。

明兩作者。內外兩離之象。離者日也。然不曰而曰明者。以天無二日也。離者

六畫重離之象。日月之明。終古不忒。大人之明。四方畢照。辨忠邪。知疾苦燭幽

側處久長。大人以德言。乃王公之稱。有與天地合德。與日月合明者也。繼明云

者。內卦之離。繼以外卦之離。即明兩作離之義也。明之功。不繼則有時而昏。故

必如大學之稱明明德。湯盤之云曰日新。可以嚮明出治光被四方也。

（占）問戰征克敵者宜用火攻防敵者亦宜備火攻兩作者。恐前後一時俱焚。〇

問營商想營業定是近火。或運辦硫黃。或創設電火。或置造火柴等業。皆利。〇

問功名離爲目可有榜眼之兆。〇問家宅。此屋必係新造。前後開通窗戶生明。

屋外四圍空濶。是巨室貴人之宅也。吉。〇問婚姻。此非原配。必是繼妻。夫家定

屬貴室。非尋常百姓之偶也。〇問六甲。生女。〇問疾病。熱勢甚重。恐一兩日內。

即防神魂離散。

初九。履錯然。敬之无咎。

初爻為內卦之始。如日之始出。黎明乍起。為作事謀始之時也。履。踐履也。錯然者。謂應酬交錯也。當至紛至疊來。而不以敬將之。必致動輒得咎矣。履卦曰履虎尾履而知懼。故曰吉。此卦曰履錯然履而能敬。故无咎其履同也。夫禍福每兆於幾微。始而能謹。斯終必无禍。所謂君子敬而無失得者。得此旨也。象曰履錯之敬。以辟咎也。夫人以身接物。不必居功。最宜辟咎。辟之之道。惟在居敬而已矣。

（占）問戰征。初爻為始。是三軍始行旗轍交錯之時也。敬者即所謂臨事而懼之意。戰危事也。愼重持之。或可免咎也。或曰邪行謂錯。宜從橫路進兵。○問商業必是新立之業。初九爻辰在子北方屬水。卦位居南屬火。想是南北生意。一時難許大利。要可无咎。○問功名。詩云他山之石。可以攻錯。蓋言得助而成也。○問家宅履卦云履道坦坦。幽人貞吉。是宅必在大道之旁。吉。○問六甲。生女。

（占例）友人某來請占運氣。筮得離之旅。

爻辭曰。初九。履錯然。敬之无咎。

斷曰。離者。火也。火之性炎炎而上。其功在明。其用足以取暖。又足以烹調。是人世不可一日無者也。以人身配之。火爲心魂。有心魂乃有知覺。乃可謀爲萬事。今占得初爻。知必爲謀事伊始。然火之爲功甚大。火之爲禍亦甚烈。當其始然。最宜謹慎小心。苟一不慎。初與四應。延及四爻。則突如其來。咎莫大焉。故戒之曰。敬之无咎。足下占得此爻。宜知所畏懼焉。凡爻象一爻爲一年。三年後正當四爻。尤宜謹慎。至四年則吉。

六二。黃離元吉。

象傳曰。黃離元吉。得中道也。

二爻以陰居陰。爲坤二成卦之主。位處中正。象所謂柔麗于中正者。即指二爻也。離爲黃。故曰黃離。黃者中色。離者文明居中而處文明。是以元吉也。象曰得

中道也。離卦六爻唯二爻以一柔居二剛之中中而且正象曰得中不言正而
正在是焉。

（占）問戰征離二變大有。大有象傳曰大車以載積中不敗大車謂兵車黃中之
色也。積中者謂中營軍糧充實不敗者謂兵士勇健得以獲勝也。故吉。○問營
商離屬南方之卦經營利在南方黃為土。土生木又利在土木。○問功名離位
在午。上值文昌有文明之象功名必顯。○問家宅離為火。土色黃火之子嗌言
其家得有令子。能振起家聲吉。○問婚姻二爻以陰居陰位得中正主夫婦順
從佳偶也吉。○問疾病必是內火欝結中焦之症。宜涼解之无咎。○問六甲生
女。

（占例）某來請占某貴顯筮得離之大有。

爻辭曰六二黃離元吉。

斷曰離為火又為日得其柔暖之氣自足噓枯回生有煦育萬物之象。今占得
六二爻與五相應。五為尊位。知某貴顯輔翼至尊。君臣合德離有文明之德。

黃屬中央之色。知必能握中圖治化啓文明也。故曰。黃離元吉。

増補高島易斷

九三。日昃之離。不鼓缶而歌則大耋之嗟。凶。

象傳曰。日昃之離。何可久也。

九三以陽處陰。是由明入晦之象。故曰日昃。昃者日之將傾也。缶即盎大腹而

歛口。離卦上下奇而中偶形似缶。故象取缶。坎曰用缶。坎中實則用以盛酒。離

中虛則鼓以節樂。不鼓缶而歌。必歌無節也。離互兌。兌屬正西。日出東入西日

薄西山。謂衰年暮景。故象取大耋。八十曰耋。三爻居二卦之中。猶年在半百。未

可云大耋也。嗟。悲嘆聲。謂未老而嘆其老也。其歌也。樂失其節。其嗟也。哀失其

常。哀樂無時。致神魂顛倒。壽命不永矣。是以凶也。象傳曰何可久也。謂若此之

人。忽歌忽嗟。乃天奪其魄也。安能久乎。

(占)問戰征。日昃日將夕也。軍中長歌浩歎。皆失紀律不吉之兆。尤防敵兵夜襲

○問營商。周禮地官司市。大市日昃而市。謂大市交易繁多至日昃始集市。爻

曰日昃之離。是日昃後而散也。市區擾雜或歌或嗟。哀樂無度。必傷正業宜戒。

○問功名。恐老大無成。徒自悲耳。○問婚姻。皷盆而歌。難望偕老凶。○問六甲。生女難育。

（占例）友人某來曰。余將娶某女。請占吉凶。筮得離之噬嗑。

爻辭曰。九三日昃之離。不皷缶而歌則大耋之嗟凶。

斷曰。爻辭曰日昃之離。離離散散也。日昃之離。謂婚後而復離也。皷盆而歌者憚悼亡也。不皷而歌。非憚悼亡。必生離也。大耋之嗟。是嘆其不得偕老也。此婚不成爲上。

成則亦必離散。不吉之兆。後友人不信此占。媒娶成婚。未幾因家門不和。又復離散。果如所占云云。

○明治三十年。占我國與法國交際。筮得離之噬嗑。

爻辭曰。九三日昃之離。不皷缶而歌則大耋之嗟凶。

斷曰。離爲甲。爲刀爲矢皆主戰兵器也。離亦爲火。又足備火礮之用。今占法國交際。而得三爻。是令我急備兵甲戰具也。爻辭曰。日昃之離。日昃者。日將西傾。

增補高島易斷

可見西土運旺之時。不鼓缶而歌。大耋之嗟。謂不當歌而歌。不當嗟。猶言
措置失時也。善謀國者。當及時修備。固不可自耽安逸。亦不必自示衰弱。睒睒
脩好以保永圓。斯爲善也。

九四。突如其來如。焚如。死如。棄如。

象傳曰。突如其來如。无所容也。

突如來如者。謂剛暴之禍。不可測度。焚如者。謂如烈火之焚物。死如棄如者。謂
其身滅亡。其名亦遂廢棄。四爻處上卦之間。下卦之火將熄。上卦之火又熾。火
炎於上。其勢尤烈。突。楊子方言。江湘人謂卒相見曰突。突如其來。是驟來而不
及防也。焚如。燒其廬。死如燼其身。棄如舉之而委諸溝壑也。焚如離火本象。四
動體艮。艮爲鬼冥門。故曰死如。又互兌。兌爲刑人。刑人于市。與衆棄之。故曰棄
如。焚而死。死而棄其勢相連。其禍甚凶。以九四在二火相傳之際。是以凶燄如
此象。傳曰。无所容也。謂火燄逼近。无可容身也。四與初應。初之火。其咎可避。四

之火猛屋燬身亡。無地可容矣。或曰。突謂竈突。漢書所云其竈直突之突。突如

其來者所謂祭神如神在。恍惚而見其來也。焚如棄如者。謂竈神察其爲惡而

降茲厥凶也。此又一說也。

（占）問戰征。有營壘被焚。鎗礮暴烈之禍來。勢洶湧緊宜愼防。○問營商有人財

兩亡之禍。宜藏身退避。或可免也。○問功名。有唾手可得之勢。但位名懲重得

禍尤烈。不如隱退。○問家宅奮說以突爲不孝子。此家必生逆子。焚死棄者言

逆子之罪也。○問婚姻。四動體艮艮爲鬼冥門又離互兌兌爲刑人此婚大本

吉利。○問六甲。生女必不育。

（占例）明治二十三年春。友人某來。請占本年運氣。筮得離之賁。

爻辭曰。九四。突如其來如。焚如。死如。棄如。

斷曰。九四在上下二火之間。下火將熄。上火復然。火炎上。故離卦以四爻爲最

凶。今占運氣而得四爻。四爻以陽處陰。外剛內柔。位不中正。主有陰險邪僻之

徒。播弄其間。初若不覺及其勢燄一熾。突如其來。不特禍延家室。而身肌髮膚。

立受其殃。如火之燎原。有不可撲滅者矣。謂之焚如死如棄如足下宜謹防小

人。母為飼犬而嚙手也。某氏素性柔弱。不甚介意。委用親族少年。不料妄作妄

為。既凶且毒。某氏家產因人傾敗。禍又未已。某氏始為悔悟。亦已晚矣。

六五。出涕沱若。戚嗟若。吉。

象傳曰。六五之吉。離王公也。

六五為外卦之主。得中居尊。與二相應。象傳所謂大人繼明久照。即指五爻也。

離為目。自目出者曰涕。故曰出涕沱若。又離互兌。兌為口。嗟是口之暗咀。故曰

戚嗟若。所謂若者。是未當出涕而有若出涕。未當戚嗟而有若戚嗟。蓋形容憂

傷之情狀也。九三樂盡悲來。大耋之嗟則為凶兆。九五憂盛慮危。所謂先天下

之憂而憂。後天下之樂而樂。故吉。象傳曰離王公也。九五為王公之位。故云。

(占)問戰征據爻辭沱若嗟若。有臨事而懼之意。戰危事也。能懼則能謀。能謀則

可以制勝矣。故吉。○問營商。此經營必是王家商務公業。非下民私計也。故曰。

離王公也。其業亦必由辛苦艱難而成。○問功名。位至宰輔。極貴顯。然士身
憂勞倍甚。如武侯之鞠躬盡瘁。乃吉。○問婚姻。此姻事極貴。然有先咷而後笑
之象。○問六甲。生女。防難產。終吉。

（占例）占某豪商時運。筮得離之同人。

爻辭曰。六五。出涕沱若。戚嗟若。吉。

斷曰。五居尊位在國爲一國之君。在家爲一家之主。在鄉爲一鄉之望也。爻辭
所云出涕沱若戚嗟若謂能先事預謀。防危慮盛。百計圖維以期萬全者此非
老成練達者不能也。足下占得此爻可知足下歷嘗艱苦。在平時悲泣號嘆之
狀不知若何哀切者亦由此繼明之德足以察識事機。而能保守家業不爲親
族少年所得欺瞞也。故吉。

上九。王用出征。有嘉折首獲匪其醜。无咎。

象傳曰。王用出征。以正邦也。

王者指六五。用者指上九也。離爲兵戈。故用以出征。首者首惡。醜者類也。嘉者。
賞其功也。所嘉者。在折其魁首而不及醜類。書所謂殲厥渠魁。脅從罔治者是
也。九三居下卦之上。與上爲敵。不順王化殘害民生。上九於是奉命出師。以除
天下之害。獲其首惡。誅而戮之。其餘黨類。皆從赦免。此誠弔民伐罪。王者之師。
復何咎焉。象傳曰以正邦也。謂如湯之征葛伯文王之伐昆夷。唯在戡亂以安
邦。夫豈好爲窮兵哉。

（占）問戰征。觀爻辭已明示矣。王者之師。不妄殺人斯道得焉矣。○問營商販賣
貨物宜選取上等佳品。不取低劣。乃可獲利。○問功名。必膺首選吉。○問疾病。
折夭折也。不利。○問六甲。生女。

（占例）明治七年三月。佐賀亂。朝廷將發師征討。有陸軍大佐某同中佐某來。謂
曰今將出師。請爲一占。筮得離之豐。
爻辭曰上九。王用出征。有嘉折首獲匪其醜无咎。
斷曰爻辭所云王用出征適合今日之事也。在佐賀亂。黨與叛。其中必有主謀。

即所謂魁首是乃亂之首罪之魁也罪在不赦一時應響而起皆脅從之徒是

醜類也今以佐賀啓叛命師往征在我　皇上神機廟算素以不嗜殺人爲心

必將布告天下謂搆兵倡亂罪在一人寡人誓必取而戮之餘無所問有能擒

獲渠魁者必膺上賞與爻辭云有嘉折首獲匪其醜如出一轍焉按上與三相

應上爲王師敵必屬三三爻曰日昃之離何可久也知此番行軍定卜馬到功

成不數旬而戡定矣後果未匝月而渠醜受誅佐賀遂平

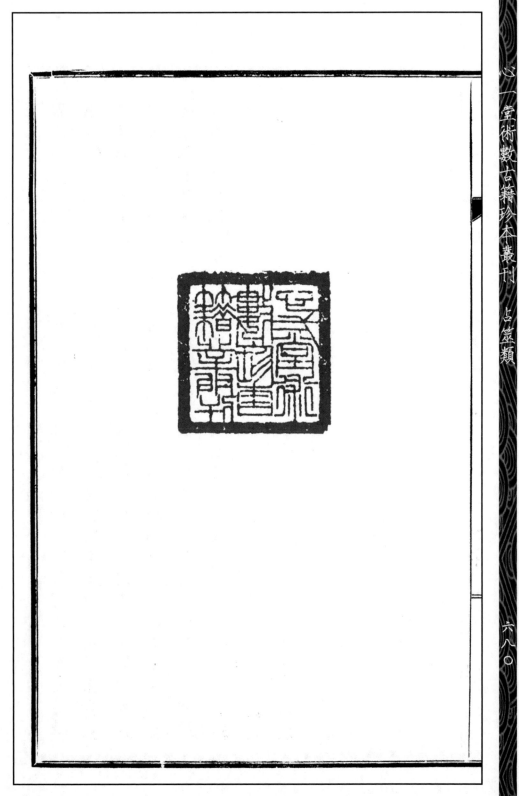